고려대 한국어

고려대학교 한국어센터 편

5B

KU PRESS
고려대학교출판문화원

책을 내며

고려대학교 한국어센터는 1986년 설립된 이래 한국어와 한국 문화를 재미있게 배우고 효과적으로 가르치는 방법을 연구해 왔습니다. 《고려대 한국어》와 《고려대 재미있는 한국어》는 한국어센터에서 내놓는 세 번째 교재로 그동안 쌓아 온 연구 및 교수 학습의 성과를 바탕으로 하고 있습니다.

이 책의 가장 큰 특징은 한국어를 처음 접하는 학습자도 쉽게 배워서 바로 사용할 수 있도록 구성했다는 점입니다. 한국어 환경에서 자주 쓰이는 항목을 최우선하여 선정하고 이 항목을 학습자가 교실 밖에서 사용할 수 있도록 연습 기회를 충분히 그리고 다양하게 제공하고 있습니다.

이 책을 내기까지 많은 분들의 도움을 받았습니다. 먼저 지금까지 고려대학교 한국어센터에서 한국어를 공부한 학습자들께 감사드립니다. 쉽고 재미있는 한국어 교수 학습에 대한 학습자들의 다양한 요구가 없었다면 이 책은 나오지 못했을 것입니다. 그리고 한국어 학습자들의 요구에 부응하기 위해 열정적으로 교육과 연구에 헌신하고 계신 고려대학교 한국어센터의 선생님들께도 감사드립니다.

무엇보다 한국어 학습자와 한국어 교원의 요구 그리고 한국어 교수 학습 환경을 종합적으로 고려한 최상의 한국어 교재를 위해 밤낮으로 고민하고 집필에 매진하신 저자분들께 깊은 감사를 드립니다. 이 밖에도 이 책이 보다 멋진 모습을 갖출 수 있도록 도와주신 고려대학교 출판문화원의 김상용 원장님과 직원 여러분께도 감사드립니다. 그리고 집필진과 출판문화원의 요구를 수용하여 이 교재에 맵시를 입히고 멋을 더해 주신 랭기지플러스의 편집 및 디자인 전문가, 삽화가의 노고에도 깊은 경의를 표합니다.

부디 이 책이 쉽고 재미있게 한국어를 배우고자 하는 한국어 학습자와 효과적으로 한국어를 가르치고자 하는 한국어 교원 모두에게 도움이 되기를 바랍니다. 또한 앞으로 한국어 교육의 내용과 방향을 선도하는 역할도 아울러 할 수 있게 되기를 희망합니다.

2025년 2월

국제어학원장 이 신숙

이 책의 특징

《고려대 한국어》와 《고려대 재미있는 한국어》는 '형태를 고려한 과제 중심 접근 방법'에 따라 개발된 교재입니다. 《고려대 한국어》는 언어 항목, 언어 기능, 문화 등이 통합된 교재이고, 《고려대 재미있는 한국어》는 말하기, 듣기, 읽기, 쓰기로 분리된 기능 교재입니다.

《고려대 한국어》 5A와 5B가 100시간 분량, 《고려대 재미있는 한국어》 말하기, 듣기, 읽기, 쓰기가 100시간 분량의 교육 내용을 담고 있습니다. 200시간의 정규 교육 과정에서는 여섯 권의 책을 모두 사용하고, 100시간 정도의 단기 교육 과정이나 해외 대학 등의 한국어 강의에서는 강의의 목적이나 학습자의 요구에 맞는 교재를 선택하여 사용할 수 있습니다.

《고려대 한국어》의 특징

▶ **한국어 성취 수준에 도달할 수 있는 유용하고 흥미로운 교재입니다.**

- 한국어 표준 교육 과정에 맞춰 성취 수준을 설정하였습니다. 학습한 표현을 바탕으로 정확하고 유창하게 의사소통 기능을 수행할 수 있습니다.
- 고급 학습자를 위한 전문적이고 심도 있는 주제를 소개하며 한국어 사용 상황에서 능숙하게 수행해야 하는 의사소통 기능을 다룹니다.
- 한국인의 언어생활, 언어 사용 환경의 변화를 발 빠르게 반영하여 실제적인 언어 맥락과 표현을 제공합니다.
- 한국어 학습자의 특성과 요구를 반영하여 명확한 제시와 다양한 연습 방법을 마련했으며 자기 주도적 학습이 가능하도록 구성했습니다.
- 친근하고 생동감 있는 삽화와 입체적이고 감각적인 디자인으로 학습의 재미를 더합니다.

▶ **한국어 학습에 최적화된 교수 학습 과정을 구현합니다.**

- 학습자에게 유용한 의사소통 과제를 선정했습니다. 과제 수행에 필요한 언어 항목을 학습한 후 과제 활동을 하도록 구성했습니다.
- 고급 수준의 언어 구사를 위해 어휘 항목을 강화했습니다. 주제와 관련된 어휘는 물론 관용어, 속담, 사자성어, 시사 용어 등 사회 문화적인 관용 표현을 추가했습니다.
- 도입 - 제시 · 설명 - 형태적 연습 활동 - 유의적 연습 활동의 단계로 절차화했습니다.
- 알기 쉽게 제시하고 충분히 연습하는 단계를 마련하여 학습한 내용의 이해에 그치지 않고 바로 사용할 수 있습니다.
- 획일적이고 일관된 방식을 탈피하여 언어 항목의 중요도와 난이도에 맞춰, 제시하는 절차와 분량에 차이를 두었습니다.

《고려대 한국어》의 구성

▶ **5A와 5B는 각각 5단원으로 한 단원은 10시간 정도가 소요됩니다.**

▶ **한 단원의 구성은 아래와 같습니다.**

▶ **교재의 앞부분에는 '이 책의 특징'과 '단원 구성 표'를 배치했고, 교재의 뒷부분에는 '정답'과 '듣기 지문'을 부록으로 넣었습니다.**

▶ **모든 듣기는 MP3 파일 형태로 내려받아 들을 수 있습니다.**

《고려대 한국어 5B》의 목표

데이터 사회, 언어생활, 건축과 주거, 예술 산업, 안정된 삶 등 친숙하지 않은 추상적 · 사회적 주제에 대해 이해하고 객관적인 근거를 갖추어 자신의 생각을 표현할 수 있습니다. 격식적, 공식적 맥락에서 필요로 하는 의사소통 기능을 능숙하게 수행할 수 있습니다.

이 책의 특징

주제와 관련된 삽화를 보면서 단원의 주제, 의사소통 기능 등을 확인합니다.

단원의 제목

- 간단한 질문을 통해 단원의 의사소통 목표를 생각해 봅니다.

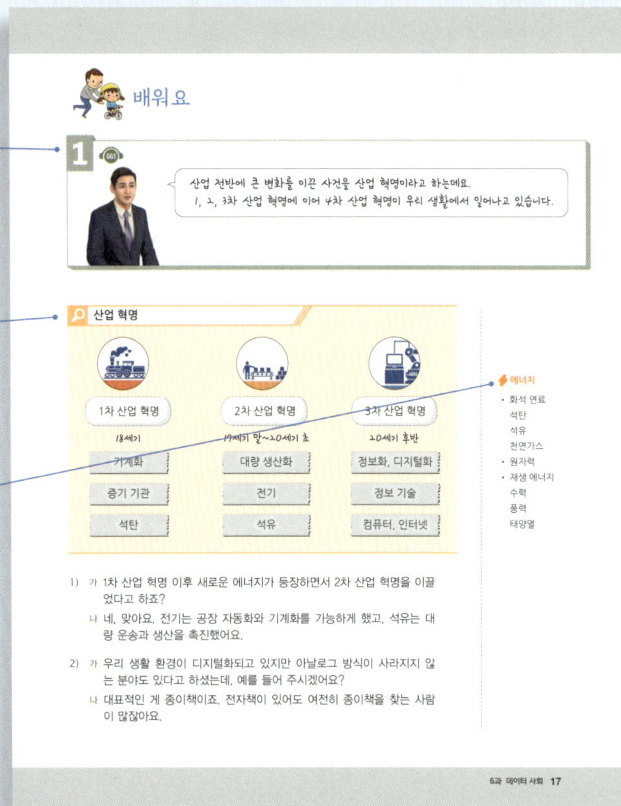

어휘의 도입

- 목표 어휘가 사용되는 의사소통 상황입니다.
- 어휘의 성격에 따라 비격식적 대화, 격식적 담화로 제시합니다.

어휘의 제시

- 어휘 목록입니다. 맥락 속에서 어휘를 배웁니다.
- 그림, 어휘 사용 예문을 보며 어휘의 의미와 쓰임을 확인합니다.

추가 정보

- 관련 어휘, 발음, 문화 정보 등 참고할 내용을 소개합니다.

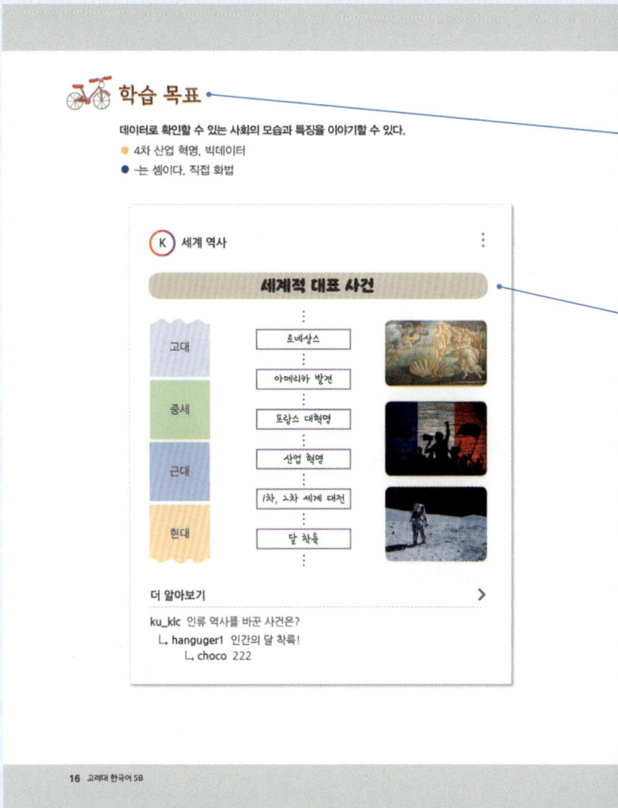

학습 목표

데이터로 확인할 수 있는 사회의 모습과 특징을 이야기할 수 있다.

- 4차 산업 혁명, 빅데이터
- -는 셈이다, 직접 화법

세계 역사

세계적 대표 사건

고대 / 중세 / 근대 / 현대

르네상스 / 아메리카 발견 / 프랑스 대혁명 / 산업 혁명 / 1차, 2차 세계 대전 / 달 착륙

더 알아보기

ku_klc 인류 역사를 바꾼 사건은?
└ hanguger1 인간의 달 착륙!
└ choco 222

16 고려대 한국어 5B

학습 목표

- 단원을 학습한 후에 수행할 수 있는 의사소통 목표입니다.

어휘 확인

- 단원 주제와 관련된 어휘입니다. 스스로 확인하며 배경 지식을 활성화합니다.

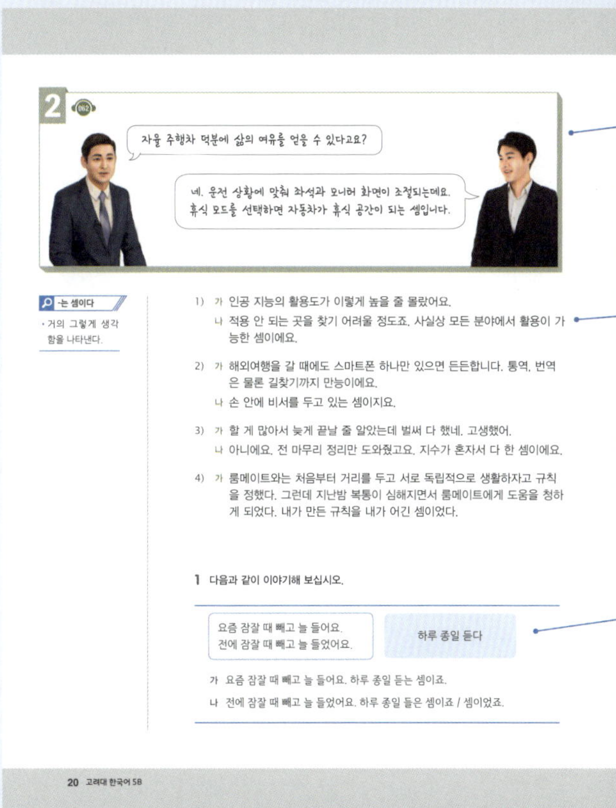

2

자율 주행차 덕분에 삶의 여유를 얻을 수 있다고요?

네. 운전 상황에 맞춰 좌석과 모니터 화면이 조절되는데요. 휴식 모드를 선택하면 자동차가 휴식 공간이 되는 셈입니다.

-는 셈이다
- 거의 그렇게 생각함을 나타낸다.

1) 가 인공 지능의 활용도가 이렇게 높을 줄 몰랐어요.
   나 적용 안 되는 곳을 찾기 어려울 정도죠. 사실상 모든 분야에서 활용이 가능한 셈이에요.
2) 가 해외여행을 갈 때에도 스마트폰 하나만 있으면 든든합니다. 통역, 번역은 물론 길찾기까지 만능이에요.
   나 손 안에 비서를 두고 있는 셈이지요.
3) 가 할 게 많아서 늦게 끝날 줄 알았는데 벌써 다 했네. 고생했어.
   나 아니에요. 전 마무리 정리만 도와줬고요. 지수가 혼자서 다 한 셈이에요.
4) 가 룸메이트와는 처음부터 거리를 두고 서로 독립적으로 생활하자고 규칙을 정했다. 그런데 지난밤 복통이 심해지면서 룸메이트에게 도움을 청하게 되었다. 내가 만든 규칙을 내가 어긴 셈이었다.

1 다음과 같이 이야기해 보십시오.

요즘 잠잘 때 빼고 늘 들어요.
전에 잠잘 때 빼고 늘 들었어요.

하루 종일 듣다

가 요즘 잠잘 때 빼고 늘 들어요. 하루 종일 듣는 셈이죠.
나 전에 잠잘 때 빼고 늘 들었어요. 하루 종일 들은 셈이죠 / 셈이었죠.

20 고려대 한국어 5B

문법의 도입

- 목표 문법이 사용되는 의사소통 상황입니다.

문법의 제시

- 목표 문법을 사용하기 위해 알아야 하는 기본 정보입니다.
- 목표 문법의 의미나 쓰임을 여러 예문을 통해 확인합니다.

문법의 연습

- 배운 문법을 확인하고 사용해 볼 수 있는 말하기 연습입니다.

이 책의 특징

읽기 활동

- 단원의 주제와 기능이 구현된 의사소통 읽기 활동입니다.
- 중심 내용 파악과 세부 내용 파악 등 목적에 따라 여러 번 읽습니다.

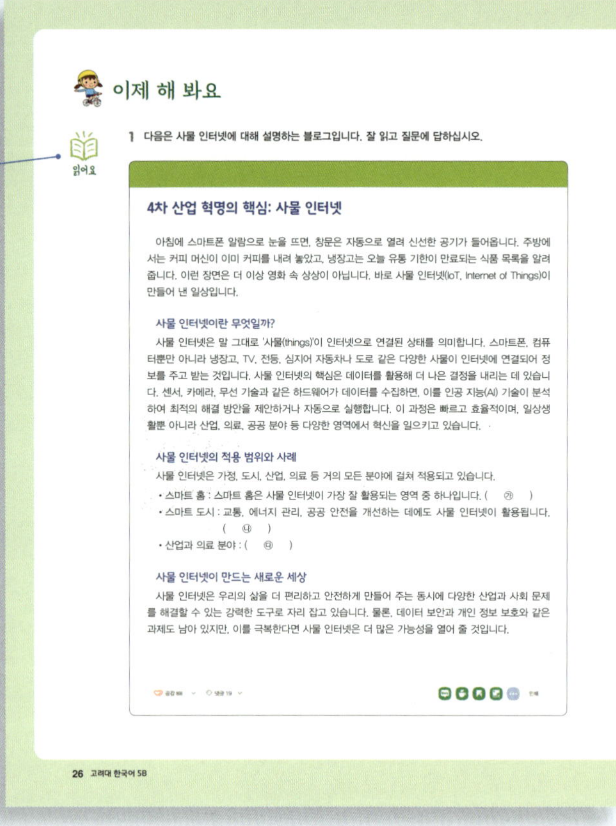

이제 해 봐요

읽어요

1 다음은 사물 인터넷에 대해 설명하는 블로그입니다. 잘 읽고 질문에 답하십시오.

4차 산업 혁명의 핵심: 사물 인터넷

아침에 스마트폰 알람으로 눈을 뜨면, 창문은 자동으로 열려 신선한 공기가 들어옵니다. 주방에서는 커피 머신이 이미 커피를 내려 놓았고, 냉장고는 오늘 유통 기한이 만료되는 식품 목록을 알려 줍니다. 이런 장면은 더 이상 영화 속 상상이 아닙니다. 바로 사물 인터넷(IoT, Internet of Things)이 만들어 낸 일상입니다.

사물 인터넷이란 무엇일까?

사물 인터넷은 말 그대로 '사물(things)'이 인터넷으로 연결된 상태를 의미합니다. 스마트폰, 컴퓨터뿐만 아니라 냉장고, TV, 전등, 심지어 자동차나 도로 같은 다양한 사물이 인터넷에 연결되어 정보를 주고 받는 것입니다. 사물 인터넷의 핵심은 데이터를 활용해 더 나은 결정을 내리는 데 있습니다. 센서, 카메라, 무선 기술과 같은 하드웨어가 데이터를 수집하면, 이를 인공 지능(AI) 기술이 분석하여 최적의 해결 방안을 제안하거나 자동으로 실행합니다. 이 과정은 빠르고 효율적이며, 일상생활뿐 아니라 산업, 의료, 공공 분야 등 다양한 영역에서 혁신을 일으키고 있습니다.

사물 인터넷의 적용 범위와 사례

사물 인터넷은 가정, 도시, 산업, 의료 등 거의 모든 분야에 걸쳐 적용되고 있습니다.

- 스마트 홈 : 스마트 홈은 사물 인터넷이 가장 잘 활용되는 영역 중 하나입니다. (㉮)
- 스마트 도시 : 교통, 에너지 관리, 공공 안전을 개선하는 데에도 사물 인터넷이 활용됩니다. (㉯)
- 산업과 의료 분야 : (㉰)

사물 인터넷이 만드는 새로운 세상

사물 인터넷은 우리의 삶을 더 편리하고 안전하게 만들어 주는 동시에 다양한 산업과 사회 문제를 해결할 수 있는 강력한 도구로 자리 잡고 있습니다. 물론, 데이터 보안과 개인 정보 보호와 같은 과제도 남아 있지만, 이를 극복한다면 사물 인터넷은 더 많은 가능성을 열어 줄 것입니다.

26 고려대 한국어 5B

말하기 활동

- 단원의 주제와 기능이 구현된 의사소통 말하기 활동입니다.
- 말하기 전에 말할 내용이나 방식에 대해 생각해 본 후 말하기를 합니다.

쓰기 활동

- 단원의 주제와 기능이 구현된 의사소통 쓰기 활동입니다.
- 쓰기 전에 써야 할 내용이나 방식에 대해 생각해 본 후 쓰기를 합니다.

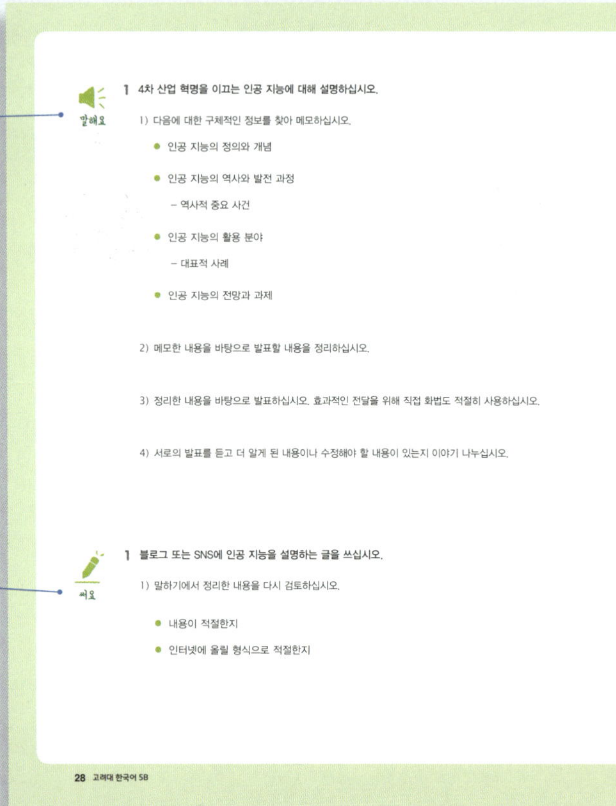

말해요

1 4차 산업 혁명을 이끄는 인공 지능에 대해 설명하십시오.

1) 다음에 대한 구체적인 정보를 찾아 메모하십시오.

- 인공 지능의 정의와 개념
- 인공 지능의 역사와 발전 과정
  - 역사적 중요 사건
- 인공 지능의 활용 분야
  - 대표적 사례
- 인공 지능의 전망과 과제

2) 메모한 내용을 바탕으로 발표할 내용을 정리하십시오.

3) 정리한 내용을 바탕으로 발표하십시오. 효과적인 전달을 위해 직접 화법도 적절히 사용하십시오.

4) 서로의 발표를 듣고 더 알게 된 내용이나 수정해야 할 내용이 있는지 이야기 나누십시오.

써요

1 블로그 또는 SNS에 인공 지능을 설명하는 글을 쓰십시오.

1) 말하기에서 정리한 내용을 다시 검토하십시오.

- 내용이 적절한지
- 인터넷에 올릴 형식으로 적절한지

28 고려대 한국어 5B

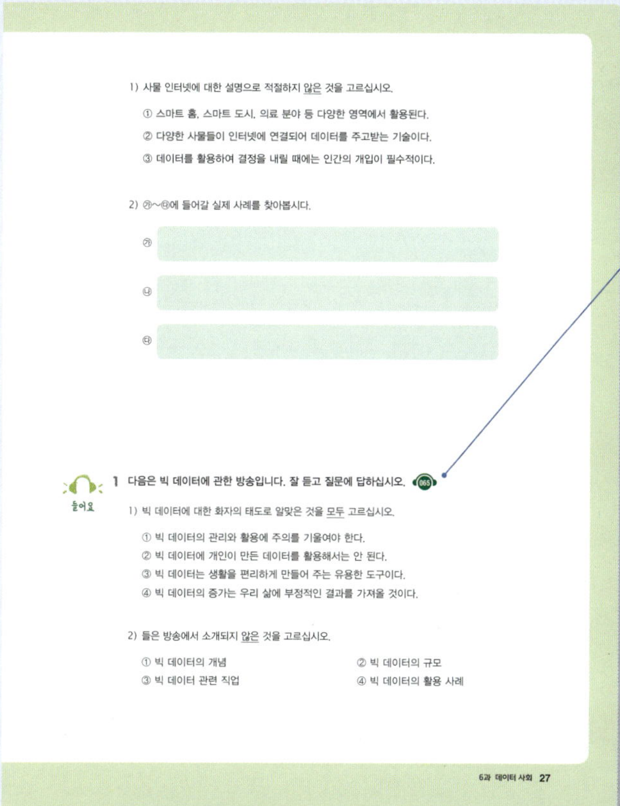
1) 사물 인터넷에 대한 설명으로 적절하지 않은 것을 고르십시오.

① 스마트 홈, 스마트 도시, 의료 분야 등 다양한 영역에서 활용된다.
② 다양한 사물들이 인터넷에 연결되어 데이터를 주고받는 기술이다.
③ 데이터를 활용하여 결정을 내릴 때에는 인간의 개입이 필수적이다.

2) ㉮~㉰에 들어갈 실제 사례를 찾아봅시다.

㉮
㉯
㉰

들어요

1 다음은 빅 데이터에 관한 방송입니다. 잘 듣고 질문에 답하십시오. 065

1) 빅 데이터에 대한 화자의 태도로 알맞은 것을 모두 고르십시오.

① 빅 데이터의 관리와 활용에 주의를 기울여야 한다.
② 빅 데이터에 개인이 만든 데이터를 활용해서는 안 된다.
③ 빅 데이터는 생활을 편리하게 만들어 주는 유용한 도구이다.
④ 빅 데이터의 증가는 우리 삶에 부정적인 결과를 가져올 것이다.

2) 들은 방송에서 소개되지 않은 것을 고르십시오.

① 빅 데이터의 개념 ② 빅 데이터의 규모
③ 빅 데이터 관련 직업 ④ 빅 데이터의 활용 사례

6과 데이터 사회 27

듣기 활동

- 단원의 주제와 기능이 구현된 의사소통 듣기 활동입니다.
- 중심 내용 파악과 세부 내용 파악 등 목적에 따라 여러 번 듣습니다.

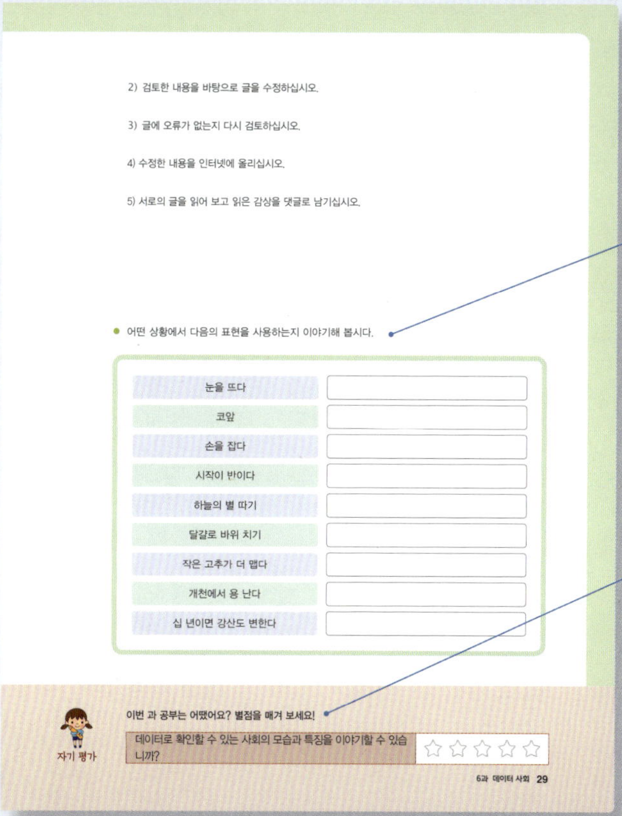
2) 검토한 내용을 바탕으로 글을 수정하십시오.

3) 글에 오류가 없는지 다시 검토하십시오.

4) 수정한 내용을 인터넷에 올리십시오.

5) 서로의 글을 읽어 보고 읽은 감상을 댓글로 남기십시오.

● 어떤 상황에서 다음의 표현을 사용하는지 이야기해 봅시다.

눈을 뜨다	
코앞	
손을 잡다	
시작이 반이다	
하늘의 별 따기	
달걀로 바위 치기	
작은 고추가 더 맵다	
개천에서 용 난다	
십 년이면 강산도 변한다	

자기 평가

이번 과 공부는 어땠어요? 별점을 매겨 보세요!

데이터로 확인할 수 있는 사회의 모습과 특징을 이야기할 수 있습니까?	☆☆☆☆☆

6과 데이터 사회 29

관용 표현

- 단원 주제와 관련된 유용한 관용 표현을 소개합니다.

자기 평가

- 단원 앞부분에 제시되었던 학습 목표 달성 여부를 학습자 스스로 점검합니다.

단원 구성 표

단원	단원 제목	학습 목표	의사소통 활동
6 과	데이터 사회	데이터로 확인할 수 있는 사회의 모습과 특징을 이야기할 수 있다.	• 사물 인터넷을 설명하는 블로그 읽기 • 빅 데이터에 대한 방송 듣기 • 인공 지능에 대해 설명하기 • 인공 지능에 대해 글쓰기
7 과	언어생활	언어의 특징과 자신의 언어생활에 대해 말할 수 있다.	• 자국의 언어와 한국어를 비교하는 발표하기 • 자국의 언어와 한국어를 비교하는 글쓰기 • 줄임말에 대한 강의 듣기 • 외국어 공부에 대한 칼럼 읽기
8 과	건축과 주거	건축물의 특징과 주거 공간의 조건에 대해 설명할 수 있다.	• 주거 공간의 요건에 대해 토의하기 • 건축에 대한 설명문 읽기 • 건축물에 대한 방송 듣기 • 건축물을 소개하는 글 쓰기
9 과	예술 산업	예술 작품과 예술 산업에 대해 말할 수 있다.	• 게임의 특성에 대한 글 읽기 • 웹툰 산업에 대한 방송 듣기 • 각광받는 예술 작품에 대해 이야기하기 • 각광받는 예술 작품에 대한 글 쓰기
10 과	안정된 삶	안정된 삶을 위한 사회 보장 제도에 대해 이야기할 수 있다.	• 보험 상담 대화 듣기 • 보험 정책에 대한 글 읽기 • 사회 보장 제도에 대한 발표문 만들기 • 사회 보장 제도에 대해 발표하기

	어휘	문법	관용 표현
	• 산업 혁명 • 4차 산업 혁명 • 빅 데이터	• -는 셈이다 • 직접 화법	성공, 변화
	• 언어의 유형 • 언어의 특징 • 언어 사용 양상	• -느냐면 • -자면 • -느냐에 달려 있다	말, 언어
	• 건축물의 특징 • 주거 공간의 조건	• -는 한 • -지	주거 요건
	• 예술의 요소 • 예술 감상 • 예술 산업	• -는 듯하다 • -는 데다가	예술, 작품성
	• 보험의 종류 • 보험의 이용 절차 • 사회 보장 제도/사회 복지	• -나 싶다 • -음으로써	준비, 대비

차례

책을 내며 3

이 책의 특징 4

단원 구성 표 10

6과 데이터 사회 14

- 어휘 확인 16
- 배워요 17
- 이제 해 봐요 26
- 관용 표현 29

7과 언어생활 30

- 어휘 확인 32
- 배워요 33
- 이제 해 봐요 42
- 관용 표현 45

8과 건축과 주거 46

- 어휘 확인 48
- 배워요 49
- 이제 해 봐요 58
- 관용 표현 61

9과 예술 산업 ········ 62

어휘 확인 ········ 64

배워요 ········ 65

이제 해 봐요 ········ 74

관용 표현 ········ 77

10과 안정된 삶 ········ 78

어휘 확인 ········ 80

배워요 ········ 81

이제 해 봐요 ········ 90

관용 표현 ········ 93

부록

정답 ········ 94

듣기 지문 ········ 95

6 데이터 사회

오늘 어떤 데이터를 만들고, 어떤 데이터를 접했습니까?

학습 목표

데이터로 확인할 수 있는 사회의 모습과 특징을 이야기할 수 있다.

- 4차 산업 혁명, 빅 데이터
- -는 셈이다, 직접 화법

K 세계 역사

세계적 대표 사건

고대	
중세	르네상스
	아메리카 발견
근대	프랑스 대혁명
	산업 혁명
현대	1차, 2차 세계 대전
	달 착륙

더 알아보기 >

ku_klc 인류 역사를 바꾼 사건은?

└ hanguger1 인간의 달 착륙!

└ choco 222

배워요

1

(061)

산업 전반에 큰 변화를 이끈 사건을 산업 혁명이라고 하는데요.
1, 2, 3차 산업 혁명에 이어 4차 산업 혁명이 우리 생활에서 일어나고 있습니다.

산업 혁명

1차 산업 혁명

18세기

- 기계화
- 증기 기관
- 석탄

2차 산업 혁명

19세기 말~20세기 초

- 대량 생산화
- 전기
- 석유

3차 산업 혁명

20세기 후반

- 정보화, 디지털화
- 정보 기술
- 컴퓨터, 인터넷

에너지

- 화석 연료
  석탄
  석유
  천연가스
- 원자력
- 재생 에너지
  수력
  풍력
  태양열

1) 가 1차 산업 혁명 이후 새로운 에너지가 등장하면서 2차 산업 혁명을 이끌었다고 하죠?

나 네, 맞아요. 전기는 공장 자동화와 기계화를 가능하게 했고, 석유는 대량 운송과 생산을 촉진했어요.

2) 가 우리 생활 환경이 디지털화되고 있지만 아날로그 방식이 사라지지 않는 분야도 있다고 하셨는데, 예를 들어 주시겠어요?

나 대표적인 게 종이책이죠. 전자책이 있어도 여전히 종이책을 찾는 사람이 많잖아요.

4차 산업 혁명

21세기 초

정보 통신 기술의 융합

제품과 서비스의 지능화

- 빅 데이터
- 인공 지능(AI)
- 사물 인터넷(IoT)
- 로봇 공학
- 자율 주행
- 가상 공간
- 바이오 기술

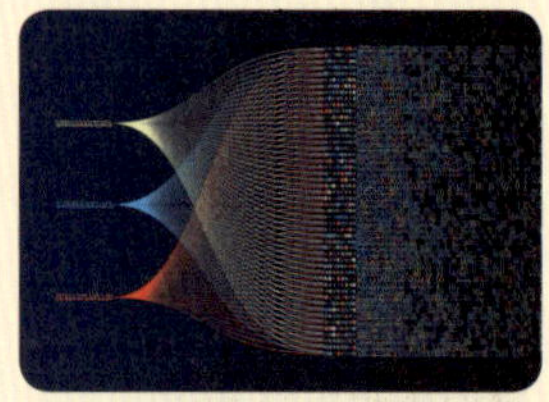

3) 가 지금 나오는 이 목소리가 AI라고? 정말 자연스럽다.
   나 그렇지? 인공 지능으로 만든 목소리인지 사람의 실제 목소리인지 구별하는 게 거의 불가능할 정도래.

4) 가 인공 지능의 적용 분야로 바이오 산업을 빼놓을 수 없죠?
   나 맞습니다. 신약 개발은 물론 유전자 분석을 통한 맞춤형 치료 등에서 중요한 역할을 하고 있습니다.

5) 가 대표님, 이 운동화가 겉으로 보기에는 일반 운동화와 차이점을 모르겠는데요. 어떤 특징이 있는 건가요?
   나 네. 이 운동화는 사물 인터넷을 적용한 건데요. 이 운동화를 신고 운동을 하게 되면 운동한 평균 속도와 칼로리 소모량 등을 스마트폰 등으로 확인할 수 있습니다.

1 **다음과 같이 이야기해 보십시오.**

가 1차 산업 혁명은 석탄 에너지를 기반으로 하여 기계화가 가능하게 했습니다.

①	1차 산업 혁명	석탄 에너지	기계화
②	2차 산업 혁명	전기 에너지	디지털화
③	3차 산업 혁명	정보 통신 기술 융합	대량 생산화
④	4차 산업 혁명	컴퓨터와 인터넷	제품, 서비스의 지능화

2 다음과 같이 이야기해 보십시오.

운전자가 직접 운전하지 않고, 차량 스스로 도로에서 달리게 하는 일	자율 주행

①	컴퓨터에 의하여 현실이 아닌 허상으로 만들어진 공간	
②	사물에 연결하여 정보를 수집하고 관리할 수 있도록 하는 시스템	
③	인간이 가지는 학습, 추리, 적응 등의 기능을 갖춘 컴퓨터 시스템	

3 다음에 대해 이야기하십시오.

주변에서 발견할 수 있는	바이오 기술	자율 주행

2

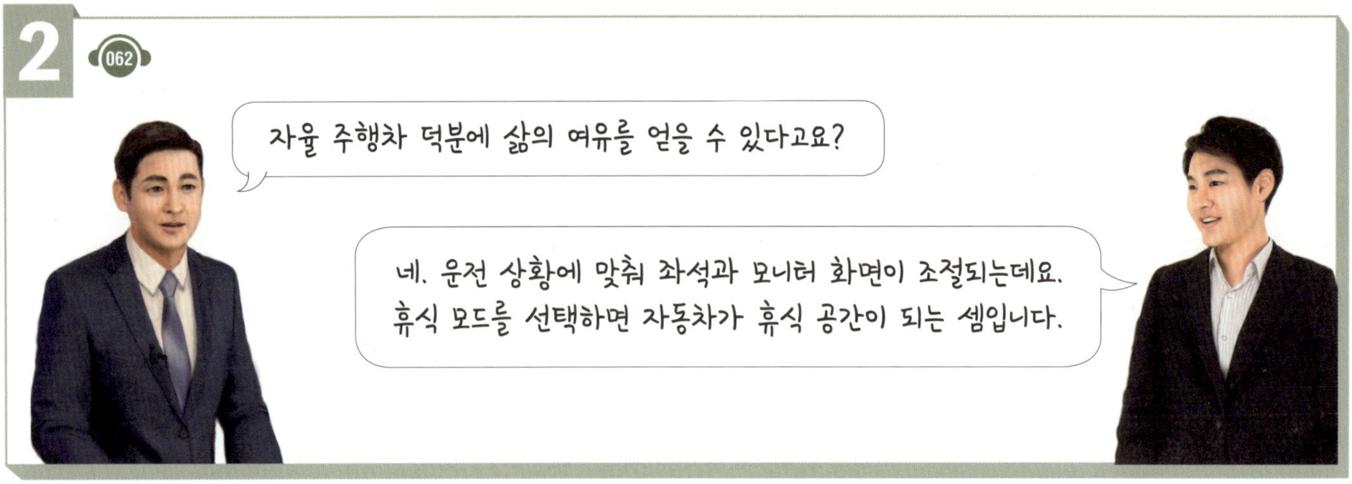

-는 셈이다

- 거의 그렇게 생각함을 나타낸다.

1) 가 인공 지능의 활용도가 이렇게 높을 줄 몰랐어요.
   나 적용 안 되는 곳을 찾기 어려울 정도죠. 사실상 모든 분야에서 활용이 가능한 셈이에요.

2) 가 해외여행을 갈 때에도 스마트폰 하나만 있으면 든든합니다. 통역, 번역은 물론 길찾기까지 만능이에요.
   나 손 안에 비서를 두고 있는 셈이지요.

3) 가 할 게 많아서 늦게 끝날 줄 알았는데 벌써 다 했네. 고생했어.
   나 아니에요. 전 마무리 정리만 도와줬고요. 지수가 혼자서 다 한 셈이에요.

4) 가 룸메이트와는 처음부터 거리를 두고 서로 독립적으로 생활하자고 규칙을 정했다. 그런데 지난밤 복통이 심해지면서 룸메이트에게 도움을 청하게 되었다. 내가 만든 규칙을 내가 어긴 셈이었다.

1 **다음과 같이 이야기해 보십시오.**

요즘 잠잘 때 빼고 늘 들어요. 전에 잠잘 때 빼고 늘 들었어요.	하루 종일 듣다

가 요즘 잠잘 때 빼고 늘 들어요. 하루 종일 듣는 셈이죠.

가 전에 잠잘 때 빼고 늘 들었어요. 하루 종일 들은 셈이죠/셈이었죠.

① 이제 휴대폰으로 번역이 다 돼요. | 사전이 필요 없다

② 요즘 집에 가면 AI하고만 이야기해요. | 제 친구이다

③ 전에 식후에 꼭 커피를 마셨어요. | 물보다 자주 마시다

④ 오늘 15명 중에 14명이 올 거예요. | 거의 다 오다

2 다음과 같이 이야기해 보십시오.

가 이곳에 처음 왔어요?

나 전에 비행기 환승할 때 잠깐 들른 적은 있지만, 제대로 온 건 처음인 셈이에요.

① 가 저쪽에도 편의점이 있는 것 같은데요.

나 그렇긴 한데 거기는 큰 길을 건너야 해서 ______

② 가 자기 집을 마련하셨다니 얼마나 좋으세요. 월세 걱정도 없고.

나 그렇지도 않아요. 은행 대출 이자가 너무 비싸서 ______

③ 가 이제 겨우 집 설계가 끝난 거면 아직도 멀었네요.

나 집 짓기의 핵심은 설계예요. 설계도가 나왔으니 ______

거짓말을 했다 ~~제대로 온 건 처음이다~~ 여기가 가장 가깝다
거의 완성되었다 은행에 월세를 내고 살다

3 다음에 대해 이야기하십시오.

스마트폰의 활용처

본인이 가장 많이, 자주 하는 행동

3

063

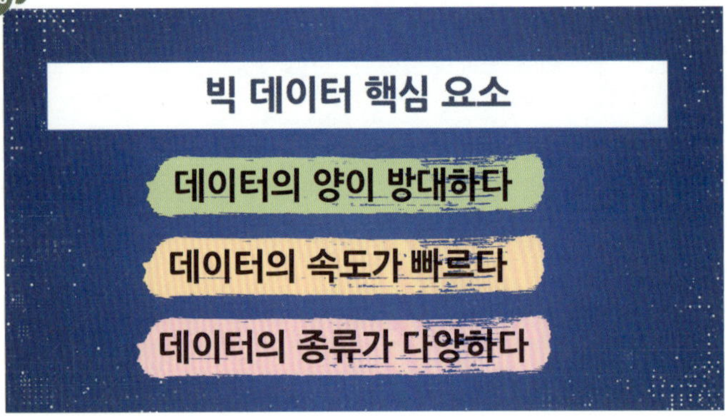

빅 데이터란 말 그대로 큰 데이터를 말합니다. 세 가지 핵심 요소가 있는데요. 첫째, 데이터의 양이 방대하다, 둘째, 데이터의 처리 및 생성 속도가 빠르다, 셋째, 데이터의 종류가 숫자 외에 다양한 유형으로 나타난다는 것입니다.

빅 데이터

규모가 방대하다 / 생성 속도가 빠르다 / 유형이 다양하다

수집: 저장하다 / 축적하다 / 관리하다

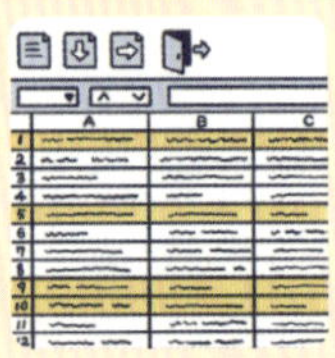

분석: 처리하다 / 가공하다 / 시각화하다

활용: 해석하다 / 제공하다 / 의사 결정을 하다

1) 가 진짜 신기한 게 SNS를 하다 보면 내가 관심 가지고 있는 게 광고로 뜨더라.
   나 그게 다 네가 검색하고 선택한 게 데이터로 수집돼서 알고리즘을 만드는 거거든. 너 스스로 데이터를 제공하는 셈인 거지.

2) 가 데이터 기반 의사 결정의 장점이라면 뭐가 있을까요?
   나 의사 결정에 데이터 자료가 활용되는 거죠. 그래서 경험이나 주관에 의한 결정보다 훨씬 더 객관적이고 합리적이라는 데에 있습니다.

3) 가 요새 데이터를 저장해야 할 일이 부쩍 많아졌는데요. 외장 하드를 구입할지, 클라우드 서비스를 이용할지 고민 중이에요.

나 전 최근에 클라우드로 바꿨어요. 외장 하드는 한번 파손되면 자료가 다 날아가잖아요.

4) 가 데이터 분석가는 무슨 일을 하나요?

나 개인이 생성하는 수많은 데이터를 수집해 그것을 분석, 해석하고요. 그 과정에서 사회적 이슈나 흐름을 찾는 일을 합니다.

1 다음과 같이 이야기해 보십시오.

여러 가지 물건이나 재료를 찾아 모음

축	적	리	제
처	활	용	공
수	모	분	해
집	저	장	석

① 지식, 경험, 자금 따위를 모아서 쌓음

② 무엇을 내 줌

③ 도구나 물건 등을 충분히 잘 이용함

④ 복잡한 것을 풀어서 단순한 요소로 나눔

2 다음과 같이 이야기해 보십시오.

수집된 데이터를 안전하게 [관리하는, 생성하는] 데에도 관심을 기울여야 한다.

① 이 제품은 음식물 쓰레기를 냄새 없이 깔끔하게 [해석해, 처리해] 준다.

② 고대로부터 현대까지 역사적 물건을 보관하고 있는 이 박물관은 하루에 다 보지 못할 정도로 [방대한, 다양한] 면적을 자랑한다.

③ 이 그릇들은 나무를 [가공해서, 분석해서] 만든 것으로 나뭇결 무늬가 아름답고 가벼운 것이 특징이다.

④ 보고서를 쓸 때에는 글로만 쓰지 말고 도표나 그림 등으로 내용을 이해하기 쉽게 [시각화하는, 의사 결정하는] 작업이 필요하다.

3 다음에 대해 이야기하십시오.

빅 데이터의 수집과 활용 사례

질병 | 스포츠 | 마케팅

4 064

데이터로 알 수 있는 우리 사회의 모습, 첫 번째 키워드는 "나는 혼자 삽니다."라는 거예요.

데이터로 알 수 있는 우리 사회의 모습 첫 번째 키워드는 나는 혼자 산다는 거예요.

직접 화법

- 발화자의 억양이나 감정 요소까지도 되도록 그대로 따와서 실감을 더하고 싶을 때 사용한다.
- 인용되는 말 뒤에 조사 '라고'를 자주 사용한다.

1) 가 우리가 빅 데이터로 사회적 이슈와 흐름을 읽을 수도 있지만 놓쳐서는 안 되는 게 "데이터 생성의 주체가 바로 우리다!"라는 것입니다.

2) 가 인공 지능 사회가 되면 "기존의 일자리가 다 사라지는 것 아니야?"라고 걱정하시는 분도 많은데요. 중요한 건 "사라지는 일자리도 있겠지만 새로 생기는 일자리도 엄청나게 많다."라는 것입니다.

3) 가 20년간 데이터를 쭉 분석하면서 알게 된 것은 이겁니다. "일어날 것 같은 일은 일어난다!"
나 데이터를 통해 미래 예측이 가능하다는 건가요?

4) 가 제 글에 달린 답글을 읽으면서 "세상이 살아 볼 만하구나.", "세상에 좋은 사람이 많구나."라는 것을 느껴요. 그 글을 읽으면서 힘을 얻지요. 따뜻한 말 한마디가 서로를 살리고 위로하고 일으킨다는 것 잊지 마세요.

1 다음과 같이 이야기해 보십시오.

노후를 위해 여가 활동을 갖자

가 오늘 강의는 "노후를 위해 여가 활동을 갖자."라는 주제로 준비했습니다.

가 오늘 강의의 주제는 "노후를 위해 여가 활동을 갖자."입니다.

① 디지털 세대를 이해하자

② 데이터로 연봉 올린다

③ 근무 환경을 바꾸자

④ 사물 인터넷은 무엇일까

2 다음과 같이 이야기해 보십시오.

생각보다 데이터 자료가 어마어마하다는 것을 알게 되었다.

가 "생각보다 데이터 자료가 어마어마하다."라는 걸 알게 되었어요.

가 "생각보다 데이터 자료가 어마어마하다." 이것을 알게 되었어요.

① 변화하는 제도에 맞춰 생활과 인식도 바뀌어야 한다고 강조합니다.

② 우리 생활 곳곳에서 인공 지능을 발견할 수 있다는 것을 알게 되었다.

③ 늦었다고 느끼는 그때가 가장 빠른 때라고 했어요.

④ 사람마다 삶의 기준이 다르다는 것을 강조하고 싶어요.

⑤ 모든 것을 같이 하자는 것은 효율적인 방법은 아닌 것 같습니다.

3 다음에 대해 이야기하십시오.

데이터 사회에서 사는 법

언어 학습을 위해 해야 하는 것

이제 해 봐요

읽어요

1 다음은 사물 인터넷에 대해 설명하는 블로그입니다. 잘 읽고 질문에 답하십시오.

4차 산업 혁명의 핵심: 사물 인터넷

아침에 스마트폰 알람으로 눈을 뜨면, 창문은 자동으로 열려 신선한 공기가 들어옵니다. 주방에서는 커피 머신이 이미 커피를 내려 놓았고, 냉장고는 오늘 유통 기한이 만료되는 식품 목록을 알려 줍니다. 이런 장면은 더 이상 영화 속 상상이 아닙니다. 바로 사물 인터넷(IoT, Internet of Things)이 만들어 낸 일상입니다.

사물 인터넷이란 무엇일까?

사물 인터넷은 말 그대로 '사물(things)'이 인터넷으로 연결된 상태를 의미합니다. 스마트폰, 컴퓨터뿐만 아니라 냉장고, TV, 전등, 심지어 자동차나 도로 같은 다양한 사물이 인터넷에 연결되어 정보를 주고받는 것입니다. 사물 인터넷의 핵심은 데이터를 활용해 더 나은 결정을 내리는 데 있습니다. 센서, 카메라, 무선 기술과 같은 하드웨어가 데이터를 수집하면, 이를 인공 지능(AI) 기술이 분석하여 최적의 해결 방안을 제안하거나 자동으로 실행합니다. 이 과정은 빠르고 효율적이며, 일상생활뿐 아니라 산업, 의료, 공공 분야 등 다양한 영역에서 혁신을 일으키고 있습니다.

사물 인터넷의 적용 범위와 사례

사물 인터넷은 가정, 도시, 산업, 의료 등 거의 모든 분야에 걸쳐 적용되고 있습니다.

- 스마트 홈 : 스마트 홈은 사물 인터넷이 가장 잘 활용되는 영역 중 하나입니다. (　㉮　)
- 스마트 도시 : 교통, 에너지 관리, 공공 안전을 개선하는 데에도 사물 인터넷이 활용됩니다.
  (　㉯　)
- 산업과 의료 분야 : (　㉰　)

사물 인터넷이 만드는 새로운 세상

사물 인터넷은 우리의 삶을 더 편리하고 안전하게 만들어 주는 동시에 다양한 산업과 사회 문제를 해결할 수 있는 강력한 도구로 자리 잡고 있습니다. 물론, 데이터 보안과 개인 정보 보호와 같은 과제도 남아 있지만, 이를 극복한다면 사물 인터넷은 더 많은 가능성을 열어 줄 것입니다.

공감 88　댓글 19　인쇄

1) 사물 인터넷에 대한 설명으로 적절하지 않은 것을 고르십시오.

① 스마트 홈, 스마트 도시, 의료 분야 등 다양한 영역에서 활용된다.

② 다양한 사물들이 인터넷에 연결되어 데이터를 주고받는 기술이다.

③ 데이터를 활용하여 결정을 내릴 때에는 인간의 개입이 필수적이다.

2) ㉮~㉰에 들어갈 실제 사례를 찾아봅시다.

㉮

㉯

㉰

들어요

1 다음은 빅 데이터에 관한 방송입니다. 잘 듣고 질문에 답하십시오. 065

1) 빅 데이터에 대한 화자의 태도로 알맞은 것을 모두 고르십시오.

① 빅 데이터의 관리와 활용에 주의를 기울여야 한다.

② 빅 데이터에 개인이 만든 데이터를 활용해서는 안 된다.

③ 빅 데이터는 생활을 편리하게 만들어 주는 유용한 도구이다.

④ 빅 데이터의 증가는 우리 삶에 부정적인 결과를 가져올 것이다.

2) 들은 방송에서 소개되지 않은 것을 고르십시오.

① 빅 데이터의 개념 ② 빅 데이터의 규모

③ 빅 데이터 관련 직업 ④ 빅 데이터의 활용 사례

말해요

1 4차 산업 혁명을 이끄는 인공 지능에 대해 설명하십시오.

1) 다음에 대한 구체적인 정보를 찾아 메모하십시오.

- 인공 지능의 정의와 개념
- 인공 지능의 역사와 발전 과정
  - 역사적 중요 사건
- 인공 지능의 활용 분야
  - 대표적 사례
- 인공 지능의 전망과 과제

2) 메모한 내용을 바탕으로 발표할 내용을 정리하십시오.

3) 정리한 내용을 바탕으로 발표하십시오. 효과적인 전달을 위해 직접 화법도 적절히 사용하십시오.

4) 서로의 발표를 듣고 더 알게 된 내용이나 수정해야 할 내용이 있는지 이야기 나누십시오.

써요

1 블로그 또는 SNS에 인공 지능을 설명하는 글을 쓰십시오.

1) 말하기에서 정리한 내용을 다시 검토하십시오.

- 내용이 적절한지
- 인터넷에 올릴 형식으로 적절한지

2) 검토한 내용을 바탕으로 글을 수정하십시오.

3) 글에 오류가 없는지 다시 검토하십시오.

4) 수정한 내용을 인터넷에 올리십시오.

5) 서로의 글을 읽어 보고 읽은 감상을 댓글로 남기십시오.

● 어떤 상황에서 다음의 표현을 사용하는지 이야기해 봅시다.

표현	
눈을 뜨다	
코앞	
손을 잡다	
시작이 반이다	
하늘의 별 따기	
달걀로 바위 치기	
작은 고추가 더 맵다	
개천에서 용 난다	
십 년이면 강산도 변한다	

자기 평가

이번 과 공부는 어땠어요? 별점을 매겨 보세요!

데이터로 확인할 수 있는 사회의 모습과 특징을 이야기할 수 있습니까?	☆☆☆☆☆

7 언어생활

여러분은 '한국어' 하면 어떤 단어가 떠오릅니까?

감사합니다
문법
발음
음식
한글
대학교
떡볶이
힘들다
고맙다
영원하다
사랑해
어렵다
공부
서울
직업
오빠
안녕하세요
단어
한류
예절
유학
드라마
맛있어요
재미있다
실력
김밥
라면
음악
언어
연예인
세종대왕
문화
교착어
한국
아시아
친구
꿈
선생님
흥미롭다
토픽시험
자유
유행하다

학습 목표

언어의 특징과 자신의 언어생활에 대해 말할 수 있다.

- 언어의 유형과 특징, 언어 사용 양상
- -느냐면/자면, -느냐에 달려 있다.

K 한국어 퀴즈

각각 몇 개일까요?

나는 한국어를 공부해요. 아주 재미있어요.

음절	단어	문장
17 개	7 개	2 개

발음 억양 표준어 방언(사투리)	표기법 띄어쓰기 맞춤법 문장 부호	외래어 속담 관용어 사자성어

더 알아보기 >

ku_klc 'ㄱ'으로 시작하는 3음절 단어는?
hanguger1 강아지
letstalk123 고구마

배워요

1

071

한국어의 이해

한국어의 특징

언어 유형

첨가어: 조사와 어미를 붙여 문법적 기능을 표시함

수미는 사과를 먹었어요.
조사 조사 어미

오늘은 '한국어의 이해' 세 번째 시간으로 한국어의 특징을 알아보겠습니다. 한국어는 언어 유형적으로 보면 첨가어입니다. 조사와 어미를 첨가해서 문법적 기능을 표시하는 언어죠.

언어의 유형

첨가어(교착어) / 굴절어 / 고립어

언어의 특징

음운	평음, 경음, 격음	성조, 강세
	유성음, 무성음	장단음
어휘	의성어, 의태어	한자어
문법	조사 발달	어미 발달
	단어의 성, 수 구분	어형 변화
	주어-목적어-서술어 구조	자유로운 어순
	문장 요소 생략	높임법 발달

1) 가 교수님, 독일어, 러시아어는 굴절어인 거죠?
나 맞습니다. 문법적 기능에 따라 어형을 변화시키는 언어 유형입니다.

2) 가 중국어 문장은 주어-서술어-목적어의 순서를 바꿀 수 없다고요?
나 네. 중국어는 문장 속 단어들의 문법적 관계가 어순에 의해 표시되는 고립어입니다. 따라서 어순을 지켜야 의미가 정확히 전달됩니다.

3) 가 영어를 원어민처럼 발음하는 방법, 두 번째는 유성음과 무성음을 구분하는 겁니다. 한국어와 달리 영어는 성대의 진동 여부로 소리를 구별합니다.

1 다음과 같이 이야기해 보십시오.

'이/가', '을/를'처럼 앞 말에 붙어 문법적 관계를 나타내는 말	(조사)	명사

①	음절 안에서 나타나는 소리의 높낮이	장단	성조
②	발음할 때 성대가 울리는 음	유성음	무성음
③	문장을 구성하는 단어들의 순서	어순	어형
④	'-고', '-습니다'처럼 동사와 형용사에 붙어 문법적인 기능을 하는 말	단어	어미
⑤	문장에서 동작, 상태의 주체가 되는 '누가', '무엇이'에 해당하는 말	주어	목적어

2 다음과 같이 이야기해 보십시오.

가 한국어는 어떤 특징이 있을까요?

나 '쾅', '주렁주렁'같이 소리와 모양을 나타내는 말이 많아요.

다 맞아요. 한국어는 의성어, 의태어가 발달했어요.

① '쾅', '주렁주렁'같이 소리와 모양을 나타내는 말이 많다 •	• 어순이 자유롭다
② 외국인들은 달, 딸, 탈을 정확히 구분해 발음하기 어렵다 •	• 의성어, 의태어가 발달했다
③ 상대의 나이와 사회적 지위에 따라 표현을 다르게 사용해야 한다 •	• 문장 요소를 생략할 수 있다
④ 문장에서 주어-서술어-목적어 순서를 바꿔도 의미가 통한다 •	• 높임법이 발달했다
⑤ 말을 할 때는 '나는 민수를 좋아해.'보다 '나 민수 좋아해.'가 더 자연스럽다 •	• 평음, 경음, 격음의 구분이 있다

3 다음에 대해 이야기하십시오.

한국어와 모국어 비교

유형

어순

2

072

한글 자음을 어떻게 만들었느냐면 입술, 혀와 같은 사람의 발음 기관의 모양을 본떠 만들었다고 해요.

아, 그래서 한글이 과학적이라는 거군요.

-느냐면

- 질문에 대답하는 상황을 가정하여 이야기를 시작하거나 어떤 내용을 설명할 때 사용한다.

1) 가 한국어로 대화를 잘하려면 상대방의 나이도 고려해야 한다고요?
   나 네. 왜 나이를 고려해야 하느냐면 한국어는 상대의 나이에 맞게 높임법을 사용해야 하기 때문입니다.

2) 가 이거 제주도에서 사 온 기념품인데 '폭삭 속았수다'라고 쓰여져 있더라. 뭘 속았다는 거지?
   나 아, 그게 뭐냐면 제주도 사투리로 '정말 수고하셨습니다'라는 말이야. 지역 특성을 보여 주려고 사투리로 쓴 것 같은데 재미있다.

1 다음과 같이 이야기해 보십시오.

한국어에 왜 한자어가 많아요?	한글이 창제되기 전에는 한자로 한국어를 표기했기 때문이다

가 한국어에 왜 한자어가 많냐면 한글이 창제되기 전에는 한자로 한국어를 표기했기 때문입니다.

①	의성어에는 어떤 예가 있을까?	멍멍, 우당탕 같은 것이 있다
②	한글을 누가, 언제 창제했습니까?	세종대왕이 1443년에 창제했다
③	한글 자음과 모음이 모두 몇 개예요?	자음 19개, 모음 21개 총 40개이다
④	살면서 가장 뿌듯했을 때가 언제였어?	직장에 취직해서 첫 월급을 받았을 때였다

3) 가 문장을 더 정확하게 쓰자면 띄어쓰기, 맞춤법, 문장 부호 같은 것에도 주의를 기울여야 해요.

4) 가 달러에 투자를 좀 하고 싶은데 환율이 너무 안 좋네요.
나 경기가 안 좋아서 환율이 좋아지자면 시간이 좀 걸릴 거예요.

5) 가 한국어는 친족 어휘가 아주 발달했습니다. 영어와 비교해 설명하자면 'aunt'라는 단어는 한국어에서 이모, 고모, 숙모, 외숙모, 큰어머니, 작은어머니, 아주머니로 세분화되어 표현됩니다.

-자면

- 어떤 의도나 목적을 가정하여 그것을 이루기 위한 일이나 상태를 서술할 때 사용한다.
- '예를 들자면', '요약하자면', '다시 설명하자면' 등과 같이 뒤에 오는 내용이 예시, 요약, 설명 등임을 나타낼 때 사용하기도 한다.

2 다음과 같이 이야기해 보십시오.

가 한국어 어휘 실력을 늘리자면 꾸준히 책을 읽는 것이 좋습니다.

① 한국어 어휘 실력을 늘리다 • — • 과학적인 문자라는 것이다

② 과속으로 인한 교통사고를 줄이다 • — • 말할 때는 조사가 자주 생략된다

③ 월급쟁이가 큰돈을 모으다 • — • 꾸준히 책을 읽는 것이 좋다

④ 한글의 특징을 간단히 요약하다 • — • 부동산이나 주식 같은 재테크로 돈을 불려야 한다

⑤ 한국어 문장 구조에 대한 설명을 덧붙이다 • — • 벌금을 강화해야 한다

3 다음에 대해 이야기하십시오.

제일 좋아하는 한국어 단어 / 그 단어를 좋아하는 이유

3

073

지난 시간에 언어는 시대를 반영한다고 하셨잖아요. 그렇다면 시대를 잘 보여 주는 신조어 사용이 왜 문제가 되는 거죠?

신조어는 주로 젊은 층에서 사용하잖아요. 그래서 과하게 사용하게 되면 세대 간 의사소통을 단절시킬 수 있죠.

언어 사용 양상

신조어	유행어	줄임말
비속어	욕설	은어
혼종어	콩글리시	외국어 남용

다양한 문화를 담다	의사소통을 단절시키다
시대를 반영하다	사회 분열을 조장하다
언어를 더 풍부하게 만들다	언어 체계를 파괴하다
소통을 원활하게 하다	편견을 드러내다

1) 가 '스마트하다', '리얼하다'같이 영어 단어에 '하다'를 붙이는 방식의 단어가 많은데요.

   나 이렇게 서로 다른 언어에서 유래한 요소들이 결합해 만들어진 단어를 혼종어라고 합니다. 어휘를 만드는 생산적인 방법이죠.

2) 가 요즘 아이들은 줄임말을 많이 쓰던데요. 거의 이해할 수 없을 정도로 줄이니까 소통도 안 되고, 언어 체계도 무너지는 것 같아요.

   나 그런가요? 표현이 간단해서 저도 가끔 쓰는데.

3) 가 신조어 중에는 특정 성별이나 나이, 지역 등을 나타내는 신조어들이 있는데요. 대부분 그 대상을 무시하는 사회적 편견을 드러내고 있어 문제입니다.

1 다음과 같이 이야기해 보십시오.

유행어는 시대를 [반영하기] 때문에 유행어를 살펴보면 그 사회를 이해하는 데 도움이 됩니다.

조장하다	~~반영하다~~	단절시키다
풍부하다	원활하다	파괴하다

① 모든 국민이 외국어에 능숙한 것도 아닌데 방송에서 외국어를 남용하는 것은 사회 분열을 [ ] 수 있습니다.

② 한국어를 줄이거나 변형해서 만든 줄임말은 어법에 맞지 않아 언어 체계를 [ ] 문제가 있습니다.

③ 상황에 잘 맞는 신조어, 혼종어들은 한국어 표현을 더 [ ] 만들어 줍니다.

④ 은어는 다른 사람들은 알아듣지 못하도록 구성원들 사이에서만 사용하는 언어로 은어 사용자들 간의 소통을 [ ] 하기도 합니다.

2 다음에 대해 이야기하십시오.

긍정적 측면과 부정적 측면

신조어

비속어와 욕설

4

074

교수님, 언어 능력은 문법과 어휘 지식을 의미하는 것입니까?

꼭 그렇지는 않습니다. 언어 능력은 지식보다는 얼마나 실제적인 의사소통 능력이 있느냐에 달려 있거든요.

-느냐에 달려 있다

- 앞의 내용에 의해 결정됨을 나타낸다.
- 주로 '얼마나', '어떻게' 등의 의문사와 함께 사용한다.
- 명사 뒤에는 '에 달려 있다'를 쓴다.

1) 가 다음 주에 중요한 발표가 있는데, 어떻게 해야 청중들에게 좋은 인상을 남길 수 있을까?
   나 발표의 성공은 처음을 어떻게 시작하느냐에 달려 있어. 청중의 흥미를 끌 만한 내용을 생각해 봐.

2) 가 주식 투자로 수익을 많이 얻으셨는데요. 비결이 무엇인지요?
   나 투자의 성패는 어떤 주식을 언제 사느냐보다 언제 파느냐에 달려 있습니다. 목표 수익률을 정해 놓고 거기에 도달하면 바로 주식을 팔아야 합니다.

3) 가 인공 지능이 발전하면서 인류의 미래를 걱정하는 의견도 있던데요.
   나 글쎄요. 그것은 우리가 인공 지능을 어떻게 활용하느냐에 달려 있지요.

4) 지금 다니는 회사를 계속 다닐지 말지는 이번 인사 이동 결과에 달려 있다. 만약 이번에도 승진을 못하게 된다면 과감히 회사를 그만둘 생각이다.

1 다음과 같이 이야기해 보십시오.

언어 전달력

발음과 억양의 자연스러움

발음과 억양이 얼마나 자연스러워요?

가 언어 전달력은 발음과 억양의 자연스러움에 달려 있습니다.

가 언어 전달력은 발음과 억양이 얼마나 자연스러우냐에 달려 있습니다.

①	말하기 대회 수상 여부	발표 내용의 참신성 발표 내용이 얼마나 참신해요?
②	한 국가의 발전	지도자 지도자가 누구예요?
③	사업의 성공	빠른 실행력 아이디어를 얼마나 빨리 실행해요?
④	건강한 삶	운동과 식사 습관 얼마나 자주 운동을 하고 어떤 음식을 먹어요?
⑤	기업의 경쟁력	미래 예측과 준비 정도 미래를 어떻게 예측하고 무엇을 준비하고 있어요?

2 다음과 같이 이야기해 보십시오.

가 저는 유창한 언어 구사 능력은 얼마나 조리 있게 말하느냐에 달려 있다고 생각해요.

- [x] 조리 있게 말하다
- [ ] 문법을 정확하게 사용하다
- [ ] 발음이 유창하다
- [ ] 표현력이 풍부하다
- [ ] 상황에 맞게 말하다
- [ ] 억양이 자연스럽다

3 다음에 대해 이야기하십시오.

성공한 인생의 요건

이제 해 봐요

말해요

1 여러분 나라의 언어에 대해 한국어와 비교해서 발표하십시오.

1) 여러분 나라의 언어에 대해 설명하려고 합니다. 소개할 항목을 메모하십시오.

2) 여러분 나라 언어의 특징을 조사한 후, 한국어와 비교하십시오.

한국어의 특성은?

평음–격음–경음, 높임법과 조사 발달, 주어가 자주 생략됨, 줄임말 많이 사용, ……

3) 두 언어의 특징을 비교하여 발표하십시오.

4) 발표를 통해 새로 알게 된 내용에 대해 이야기하십시오.

써요

1 여러분 나라의 언어와 한국어를 비교하는 글을 쓰십시오.

1) 말하기에서 설명한 내용을 떠올리며 어떤 내용을 중심으로 쓸지 생각해 보십시오.

□ 발음 □ 어휘 □ 문법 □ 최근의 언어 변화 □ 기타

2) 선택한 항목 중심으로 다음에 대해 정리하십시오.

- 자국어의 특징
- 한국어와 같은 점, 다른 점
- 이해에 도움이 되는 예

3) 글의 흐름과 구조를 생각하십시오.

4) 생각한 내용을 바탕으로 글을 쓰십시오.

들어요

1 다음은 줄임말에 대한 강의입니다. 잘 듣고 질문에 답하십시오. 075

1) 여자가 무엇을 하고 있는지 맞는 것을 고르십시오.

① 새로운 줄임말을 소개하고 있다.
② 줄임말의 생성 원리를 설명하고 있다.
③ 줄임말 사용의 문제점을 알리고 있다.
④ 적극적으로 줄임말을 사용할 것을 권하고 있다.

2) 다음 중 줄임말의 사용 동기로 맞지 않는 것을 고르십시오.

① 경제성 ② 유대감
③ 오락적 동기 ④ 의사소통 요구

2 여러분이 알고 있는 한국어 줄임말을 소개하십시오.

읽어요

1 다음은 외국어 공부에 대한 칼럼입니다. 잘 읽고 질문에 답하십시오.

인공 지능 시대의 외국어 공부

*"이제 외국어 공부가 필요 없다고?
과연 인공 지능 통번역이 모든 것을 해결해 줄까?"*

인공 지능 기술 덕분에 전 세계 어디든 언어의 장벽 없이 여행할 수 있는 세상이다. 스마트폰 카메라만 들이대면 어떤 글이든 곧바로 번역해 주고, 음성 인식 기능으로 외국인과 자연스럽게 실시간으로 대화할 수 있다. 그렇다면 이제 더 이상 외국어를 배울 필요가 없는 것일까? 아니다. 그렇지 않다. 외국어 학습은 여전히 중요하고 매력적인 활동이다.

첫 번째 이유는 [(가)] 우리는 사람과 소통하고 서로의 감정을 이해하기 위해서도 외국어를 배운다. 그러나 언어에 담긴 수많은 상황과 맥락, 다양한 감정을 인공 지능이 정확하게 번역할 수 있을까? 호감이 있는 외국인 이성과 인공 지능 번역기로 소통하는 장면을 상상해 보자. 인공 지능 번역기는 지식과 정보를 전달하는 데는 유용하지만 소통과 이해의 측면에서는 한계가 있다. 언어마다 감정을 표현하는 단어는 너무도 다양하기 때문에 단 한 단어라도 맥락에서 벗어나는 순간, 오해가 생기고 상대방과의 교감이 깨질 수 있다.

외국어를 배워야 하는 또 다른 이유는 [(나)] 언어는 그 자체로 하나의 세계이다. 외국어를 배우면서 그 나라의 문화, 생활 양식, 사고방식을 배우고 다른 세계를 경험하게 된다. 그 과정에서 모국어를 넘어선 관점을 갖게 되고 생각의 틀이 넓어지는 것이다.

그리고 [(다)] 외국어를 배우는 과정은 뇌의 다양한 부분을 자극하여 문제 해결 능력, 기억력과 같은 인지 기능을 향상시키고, 심지어 치매 예방에도 도움이 된다는 연구 결과들이 있다.

인공 지능은 언어 장벽을 낮춰 우리의 생활을 편리하게 한다. 하지만 이렇게 여전히 외국어를 배워야 할 이유는 많다. 눈앞의 쓸모를 넘어서 언어를 통한 진정한 소통과 사고의 확장을 원한다면, 새로운 세계를 발견하고 풍부한 삶을 누리고 싶다면, 바로 지금이 외국어 공부를 시작할 때이다.

1) 칼럼의 제목과 부제목을 보고 이 글의 내용을 추측해 봅시다.

2) (가)~(다)에 들어갈 알맞은 문장을 고르십시오.

㉠ 우리 사고의 틀을 확장할 수 있기 때문이다.

㉡ 외국어 학습은 두뇌 발달에도 도움이 된다.

㉢ 외국어를 학습하는 목적이 지식과 정보를 교환하는 데에만 있지 않기 때문이다.

(가) ________ (나) ________ (다) ________

● 어떤 상황에서 다음의 표현을 사용하는지 이야기해 봅시다.

표현	
말도 안 되다	
말이 청산유수	
말문이 막히다	
꿀 먹은 벙어리	
말 속에 뼈가 있다	
말이 씨가 되다	
가는 말이 고와야 오는 말이 곱다	
말 한 마디에 천 냥 빚도 갚는다	

자기 평가

이번 과 공부는 어땠어요? 별점을 매겨 보세요!

언어의 특징과 자신의 언어생활에 대해 말할 수 있습니까?	☆ ☆ ☆ ☆ ☆

8 건축과 주거

두 건축물은 어떤 특징이 있습니까?

학습 목표

건축물의 특징과 주거 공간의 조건에 대해 설명할 수 있다.

- 건축물의 특징, 주거 공간의 조건
- -는 한, -지

K 구조와 형태

구조와 형태를 설명해 보세요.

 네모나다, 네모, 사각형, 직사각형, 정사각형, 길쭉하다	 세모나다, 세모, 삼각형, 뾰족하다	 동그랗다, 동그라미, 원형, 반원형, 원통형	점, 선, 면 직선, 곡선 가로, 세로 수평, 수직

더 알아보기 >

KU_KLC 건물 외관이 어때요?
OGURA 전면은 뾰족한 삼각 지붕인데 후면은 원통형이에요.

배워요

1

081

이 건축물은 대리석으로 지어졌는데요. 지붕을 비롯해 많은 부분이 훼손되기는 했지만 남아 있는 기둥을 보면 좌우 대칭을 이루고 있다는 것을 알 수 있습니다.

건축물의 특징

위치와 형태

위치하다 | 자리하다 | 배치하다
둘러싸다 | 늘어서다 | 펼쳐지다
이어지다 | 뻗다 | 솟다

구조

기둥 | 벽
바닥 | 지붕

재료

목재

석재

자갈

흙

철재

대리석

벽돌

콘크리트

건축물의 역사

- 건축되다
- 노후되다
- 훼손되다
- 소실되다
- 복원되다

장식

새기다

칠하다

쌓다

깔다

붙이다

달다

평가

조화 균형 대칭 대비 이루다

조형미가 뛰어나다 기하학적이다

1) 가 산꼭대기에 올라오니까 서울 시내가 한눈에 다 보이네. 근데 한강 주변으로는 고층 건물들이 정말 빼곡하게 늘어서 있다.

나 정말 그러네. 그런데 저쪽에 우뚝 솟아 있는 건물은 뭐야?

2) 가 이 사진 좀 봐. 이게 세계에서 제일 높은 목조 건물이래.

나 이렇게 높은 건물을 목재로만 지었다고? 벽이나 바닥에는 벽돌이나 콘크리트 같은 재료를 사용했겠지.

3) 가 보시다시피 대리석으로 된 벽에는 천사의 모습을 아주 정교하게 새겼고 창문에는 색색으로 칠한 유리 조각을 붙여 장식했습니다. 이런 화려한 장식이 이 시기 건축물의 대표적인 특징이라고 할 수 있습니다.

4) 가 교수님, 동양 건축과 서양 건축의 차이를 한 문장으로 간략히 말씀해 주시겠어요?

나 서양 건축이 뛰어난 조형미를 추구했다면 동양 건축은 자연과의 조화를 중시했다고 말씀드릴 수 있습니다.

1 다음과 같이 이야기해 보십시오.

원형, 사각형 등 도형의 형태를 가지고 있음

기	회	균	등
하	조	형	미
학	적	대	비
적	애	칭	속

① 상하 또는 좌우가 같도록 배치함

② 차이를 파악하기 위해 서로 비교함

③ 입체감 있는 형태가 가지는 예술적 아름다움

④ 무게, 크기 등이 어느 한쪽으로 기울거나 치우치지 않음

2 다음과 같이 이야기해 보십시오.

가 건축물이 정말 인상적이에요.

나 기둥식 구조로 지어진 목재 건축물이네요. 주변 건물과 대비를 이루고 있어서 더 인상적인 것 같아요.

☐	고지대에 자리했다	☑	목재	☐	자연과의 조화
☐	지붕 모양이 특이하다	☐	대리석	☐	좌우 대칭
☑	기둥식 구조로 지어졌다	☐	벽돌	☑	주변 건물과 대비
☐	지붕이 뾰족하다	☐	철재	☐	뛰어난 조형미

3 다음에 대해 이야기하십시오.

인상적인 건축물 | 재료 | 장식

2

(082)

교수님, 천 미터가 넘는 건축물이 앞으로 많이 건설될 거라고 생각하세요?

획기적인 건축 기술이 개발되지 않는 한 쉽게 건설되기는 어려울 거라고 봅니다.

-는 한

- 앞의 내용이 뒤의 내용에 대한 조건이나 전제임을 나타낸다.
- '아는 한', '관한 한', '할 수 있는 한', '될 수 있는 한' 등과 같이 관용적으로 쓰이기도 한다.

기운

- 한기, 냉기
- 온기, 열기
- 습기, 물기

1) 가 1층을 이렇게 비우고 건물을 올려도 무너지지 않을까요?
   나 그럼요. 여기에 이런 식으로 기둥을 배치하는 한 안전에는 아무 문제가 없습니다.

2) 가 바닥이 대리석이라 그런지 많이 차갑네요.
   나 그렇죠? 카펫을 깔지 않는 한 바닥에서 올라오는 냉기를 막기는 어려울 것 같아요.

3) 가 건물은 완공되었는데 아직 인테리어 공사가 남았지요?
   나 네. 시간이 여유롭지는 않지만 할 수 있는 한 최선을 다해 기한 내에 끝내도록 하겠습니다.

4) 가 기하학적 조형미에 관한 한 이 성당을 빼놓을 수 없는데요. 하늘을 향해 뻗어 있는 부드러운 곡선 형태의 탑과 외관에 새겨진 화려한 조각이 정말 아름답지 않습니까?

1 다음과 같이 이야기해 보십시오.

내부 면적을 [늘리다 , 늘리지 않다]	넓은 거실은 포기해야 하다

가 내부 면적을 늘리지 않는 한 넓은 거실은 포기해야 합니다.

①	대리석을 [사용하다 , 사용하지 않다]	건축 비용은 오를 수밖에 없다
②	높은 건물들 사이에 [짓다 , 짓지 않다]	전망은 기대하기 어렵다
③	설계를 계속 [바꾸다 , 바꾸지 않다]	공사 기간이 늘어날 수밖에 없다
④	색다른 장식을 [달다 , 달지 않다]	사람들의 관심을 끌기 어렵다

2 다음과 같이 이야기해 보십시오.

가 이 일을 잘할 수 있을까요?

나 지금처럼 최선을 다하는 한 분명히 잘할 수 있을 거예요.

①	이 일을 잘할 수 있다	비가 그치지 않다
②	내일 경기도 취소되다	지금처럼 최선을 다하다
③	그 사람이 고백을 받아 주다	사귀는 사람이 있지 않다
④	미래에 대한 불안을 없앨 수 있다	자신을 믿다

3 다음에 대해 이야기하십시오.

좋은 건축물을 짓기 힘든 경우

원하는 성적을 기대하기 어려운 경우

3

083

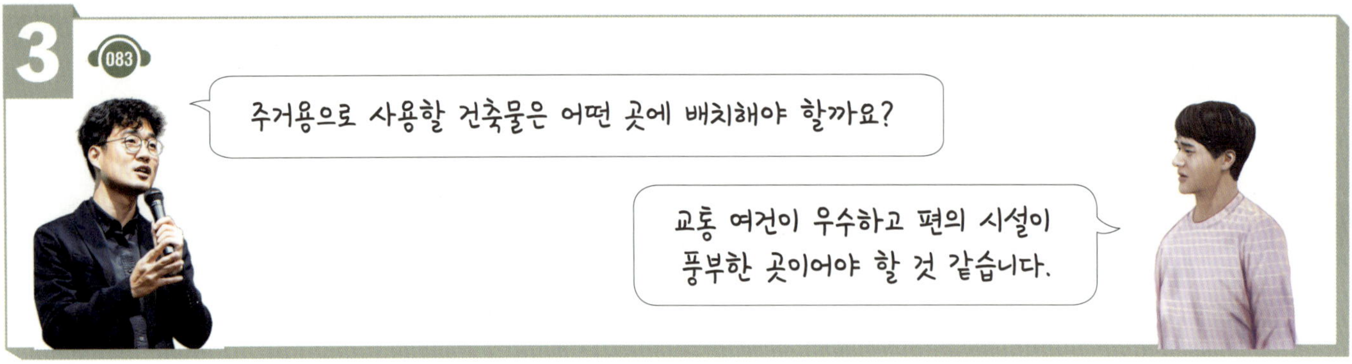

주거 공간의 조건

입지 및 정주 여건

교통 여건 / 교육 환경 / 치안 — 우수하다 / 양호하다 / 열악하다

편의 시설 / 문화 시설 / 녹지 공간 — 풍부하다 / 부족하다

내부 조건

채광 / 전망 / 구조 / 수납 — 뛰어나다 / 형편없다

통풍 / 단열 / 배수 / 방음 — 잘되다 / 잘 안 되다

주거 비용 / 면적 / 쓰레기 처리 / 사생활 보호

1) 가 사람들이 집을 구할 때 입지 조건을 가장 중요하게 보는 것으로 나타났습니다. 교통 여건이 우수한 역세권, 편의점이 가까이에 있음을 나타내는 편세권 같은 신조어가 생긴 것도 얼마나 입지를 중요시하는지 보여 준다 하겠습니다.

2) 가 전 소리에 민감해서 방음이 잘돼야 하는데. 여기는 대로변에 위치해 있고 창문도 커서 소음이 심할 것 같아요.

나 그래도 창문이 큰 건 큰 장점이에요. 채광이랑 통풍이 좋잖아요. 이 조건에 이 가격이면 괜찮은 집이에요.

3) 가 서울은 전 세계 대도시 중에서 치안이 우수한 편에 속하는데요. 이번 조사에서는 서울이 치안은 물론 녹지 공간과 같은 환경 면에서 지난 조사보다 순위가 더 올라갔습니다.

1 다음과 같이 이야기해 보십시오.

가 여기는 세면대 물이 잘 안 내려가네요.

나 그래요? 배수가 잘 안 되나 봐요.

---

①	세면대 물이 잘 안 내려가다	단열이 잘되다
②	근처에 아름다운 공원과 작은 숲이 있다	배수가 잘 안 되다
③	지나다니는 사람이 많아서 문을 열어 놓기 어렵다	녹지 공간이 풍부하다
④	버스 정류장까지 한참 걸어야 되다	사생활 보호가 잘 안 되다
⑤	오래된 창을 바꾸니 난방비가 줄었다.	교통 여건이 열악하다

2 다음에 대해 이야기하십시오.

현재 사는 곳 | 전에 살던 곳

입지 및 정주 여건 | 내부 조건 | 주거 비용

4

084

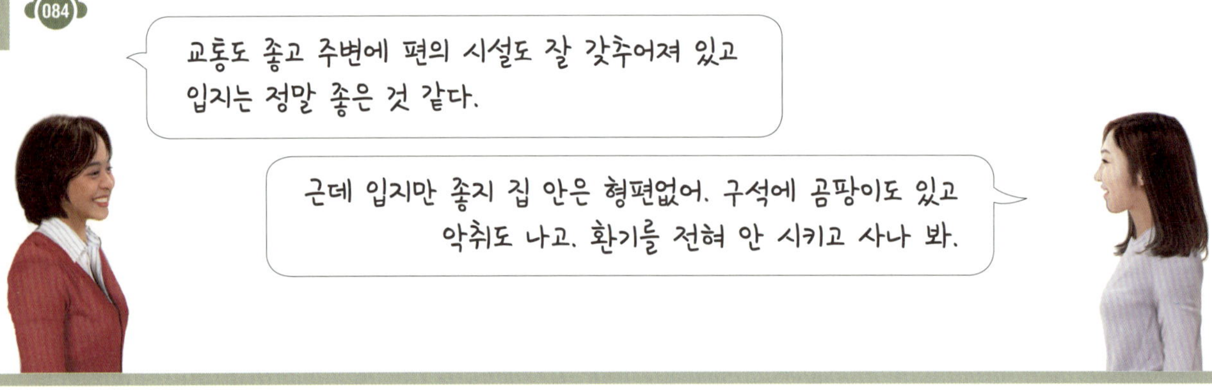

-지

- 앞의 내용과 뒤의 내용이 서로 상반되는 사실임을 나타낸다.

1) 가 이 집은 창문만 크지 다른 조건은 별로네.
   나 그러네. 그리고 창문이 너무 커서 사생활 보호가 잘 안 될 것 같아.

2) 가 지금 사는 집 말이야, 교통도 편리하고 주변에 편의 시설도 많은 것 같던데 왜 이사 가려고 해?
   나 교통만 좋지 근처에 유흥 업소가 너무 많아서 저녁에 집에 갈 때마다 불안하고 신경 쓰여서.

3) 가 나는 처음 가 본 집이 수납공간도 많고 구조가 좋아서 제일 마음에 드는데 너는 어때?
   나 수납공간만 많지 가구를 놓기에는 구조가 너무 엉망이던데.

4) 가 설명을 들어도 잘 모르겠어. 내가 잘할 수 있을지 자신이 없네.
   나 처음이 어렵지 몇 번 하다 보면 금방 익숙해질 거야.

1 다음과 같이 이야기해 보십시오.

가 왜 마음에 안 들어요?

나 공기만 좋지 주변에 편의 시설이 하나도 없더라고요.

① 공기가 좋다	기능이 형편없다
② 역 근처라서 교통이 좋다	입어보니 잘 안 맞다
③ 보기에는 괜찮다	주변에 편의 시설이 하나도 없다
④ 산으로 둘러싸여 있어 전망이 뛰어나다	어디든 가려면 차를 타고 나가야 하다
⑤ 디자인이 번지르르하다	하루 종일 소음 공해가 심하다
⑥ 입지가 좋다고 홍보를 요란하게 했다	전철이 들어오려면 10년은 더 걸리겠다

2 다음에 대해 이야기하십시오.

지금 사는 곳의 장단점

가지고 있는 물건의 장단점

이제 해 봐요

말해요

1 주거 공간의 요건에 대해 토의하십시오.

1) 여러분이 중요하게 생각하는 주거 공간의 요건을 아래 목록에서 세 가지만 고르십시오.

순위	주거 공간의 요건
	① 채광, 통풍, 배수, 방음 등이 잘되어야 한다.
	② 음식을 만들어 먹기 편해야 하며 쓰레기 처리를 간편하게 할 수 있어야 한다.
	③ 마트, 식당, 병원 등 풍부한 편의 시설을 갖추고 있어야 한다.
	④ 주변에 녹지 공간이 풍부하여 대기의 질이 좋고 쾌적해야 한다.
	⑤ 주변에 유해 시설이 없고 치안 유지가 잘되어야 한다.
	⑥ 사생활 보호가 잘되어야 한다.
	⑦ 주거 비용이 저렴해야 한다.
	⑧
	⑨
	⑩

2) 자신의 견해를 뒷받침할 근거를 찾아보십시오.

3) 준비한 내용을 바탕으로 토의를 하십시오.

4) 토의를 통해 중요하게 생각하는 요건이 달라졌다면 무엇이 달라졌는지 이야기하십시오.

읽어요

1 다음은 건축에 대한 설명문입니다. 잘 읽고 질문에 답하십시오.

돌은 불과 물에 강하고 쉽게 변형되지 않는다. 뛰어난 내구성으로 인해 돌은 문명이 발생한 초기부터 건축 재료로 널리 사용되어 왔다. 그런데 왜 돌로 지은 전통 건축물은 주로 서양에 있고 동양에는 거의 없는 걸까? 어느 유명 건축가는 돌로 지은 전통 건축물이 동양에 거의 없는 것은 동양의 연평균 강수량 때문이라고 설명한다.

비가 적게 내리는 지역의 땅은 비교적 단단하다. 그래서 무거운 돌을 쌓아 벽을 높게 세워도 땅이 꺼지거나 건축물이 내려앉지 않는다. 하지만 비가 많이 내리는 지역의 땅은 무르기 때문에 돌을 쌓아 벽을 만들고 그 위에 지붕을 올리는 건축물을 짓기 어렵다. 돌보다는 가벼운 나무를 이용하고 벽이 지붕을 받치는 벽식 구조가 아닌 몇 개의 기둥이 지붕을 받치는 기둥식 구조로 건축함으로써 건축물의 하중을 줄여야만 땅이 꺼지거나 건축물이 내려앉는 상황을 방지할 수 있다. 흔히 동양이라 부르는 아시아 지역의 대부분은 연평균 강수량이 1000mm를 넘어 지반이 무른 편이다. 그래서 특수한 건축 기술을 적용하지 않는 한 벽식 구조의 웅장한 석조 건축물을 지을 수 없다.

강수량은 건축물의 주재료와 구조뿐 아니라 건축물의 형태에도 영향을 미친다. 강수량이 많은 지역에서 목조 건축물을 오랫동안 변형 없이 유지하기 위해서는 습기로 인해 나무가 틀어지거나 썩지 않도록 해야 한다. 그래서 건축물을 지을 때는 먼저 땅의 습기가 나무 기둥으로 스며들지 않도록 네모난 돌을 땅에 놓은 뒤 그 위에 기둥을 세운다. 그리고 기둥에 올리는 지붕의 위는 뾰족하게 솟은 삼각 모양으로 만들고 지붕의 아래 끝인 처마는 곡선 형태로 만든다. 이렇게 하면 비나 눈이 지붕 한 곳에 고이지 않고 빨리 흘러내린다. 처마가 길게 뻗어 있는 것도 기둥이 비나 눈에 젖지 않도록 하기 위함이다. 습기로 인한 손상을 최소화해 건축물의 내구성을 높일 수 있는 형태로 지붕을 만든 것이다.

한편 기둥식 구조의 건축물은 벽식 구조의 건축물에 비해 창문의 위치와 크기, 개수를 정하는 것이 상대적으로 자유롭다. 동양의 오래된 목조 건축물에 큰 창문이 여러 개 있는 것은 장식적인 목적 외에도 환기와 통풍을 통해 건축물 내부에 배인 습기를 빨리 제거하기 위한 기능적인 목적도 있는 것이다.

1) 글의 주제로 가장 알맞은 것을 고르십시오.

① 돌로 지은 건축물이 서양에 많은 것은 강수량이 동양보다 적기 때문이다.

② 땅이 무른 지역에서는 건축물의 하중을 최소화한 목조 건축물이 발달하게 된다.

③ 서양에는 벽식 구조의 석조 건축물이 동양에는 기둥식 구조의 목조 건축물이 많다.

2) 동양의 전통 건축물의 특징에 해당하지 않는 것을 고르십시오.

① 길게 뻗은 곡선의 처마

② 땅바닥에 놓은 네모난 돌

③ 벽에 배치한 좁고 긴 창문

④ 뾰족하게 솟은 삼각형의 지붕

들어요

1 다음은 건축물에 관한 방송 프로그램입니다. 잘 듣고 질문에 답하십시오. 085

1) 방송에서 설명한 내용이 아닌 것을 고르십시오.

① 건축물이 자리한 위치

② 건축 재료를 운반한 방법

③ 건축물과 관련된 인물과 사건

2) 들은 내용과 같으면 ○, 다르면 ×에 표시하십시오.

① 이 건축물의 중심에는 원통형의 거대한 돔이 자리한다.	O	X
② 이 건축물은 바라보는 방향에 따라 색깔이 다르게 보인다.	O	X
③ 이 건축물은 완벽한 대칭 구조를 가진 세계 최대의 건축물로 꼽힌다.	O	X

써요

1 건축물을 소개하는 글을 쓰십시오.

1) 여러분이 방문했던 곳 중에서 가장 인상적이었던 건축물이나 앞으로 방문해 보고 싶은 건축물이 있습니까? 생각해 보십시오.

2) 선택한 건축물에 대해 아래 내용을 조사하여 메모하십시오.

이름	
위치	
형태와 구조	
재료와 장식	
사람들의 평가	
숨겨진 이야기	□ 건축하게 된 배경이나 목적 □ 건축물에 숨겨진 이야기

3) 메모한 내용을 보면서 어떤 순서로 어떻게 쓰면 좋을지 정리해 보십시오.

4) 정리한 내용을 바탕으로 건축물을 소개하는 글을 쓰십시오.

● 어떤 상황에서 다음의 표현을 사용하는지 이야기해 봅시다.

○세권	
직주 근접	
층간 소음	
○○난	

자기 평가

이번 과 공부는 어땠어요? 별점을 매겨 보세요!

건축물의 특징과 주거 공간의 조건에 대해 설명할 수 있습니까?	☆ ☆ ☆ ☆ ☆

예술 산업

예술 산업에 대해 알고 있습니까?

바나나를 바라보는 남자
₩250,000

학습 목표

예술 작품과 예술 산업에 대해 말할 수 있다.

- 예술의 요소, 예술 감상, 예술 산업
- -는 듯하다, -는 데다가

K 예술

예술의 유형

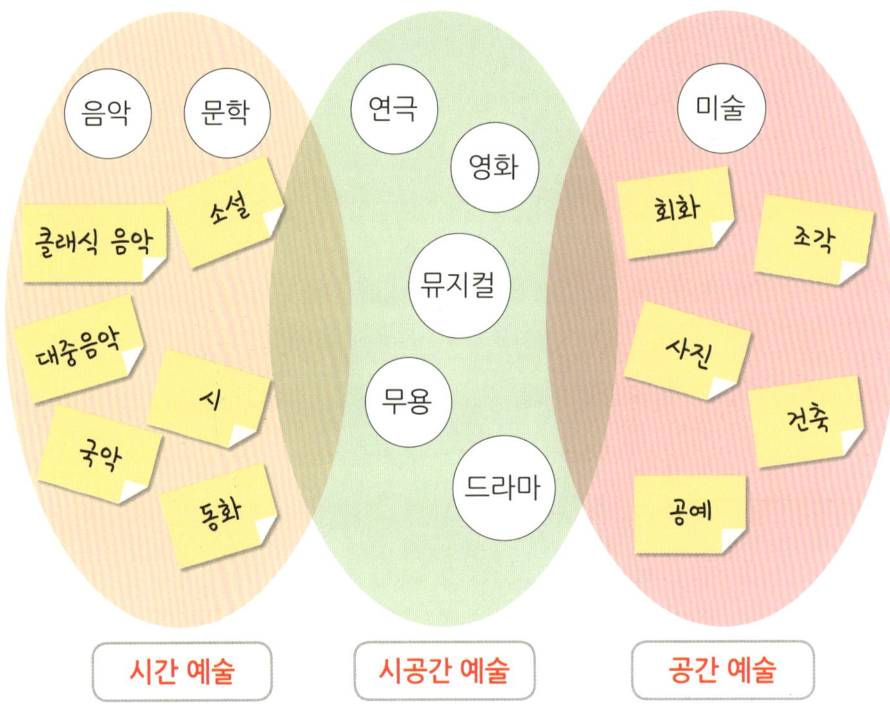

더 알아보기 >

ku_klc 예술 작품과 관련된 특별한 경험이 있나요?

↳choco 미술관 의자라고 생각하고 앉아서 쉬었는데 그게 작품이었대요!

배워요

1

091

작사와 작곡을 모두 하시잖아요. 보통 작업 순서는 어떻게 되세요?

저는 멜로디를 먼저 만들고 거기에 가사를 붙이는 게 작업하기에는 더 쉬운 것 같아요.

예술의 요소

미술	색채	명암	질감	구도
	재료	기법	화풍	
음악	박자	리듬	멜로디	가사
	음정	음색	가창력	성량
문학	소재	내용	구성	표현
	등장인물	사건	배경	대사

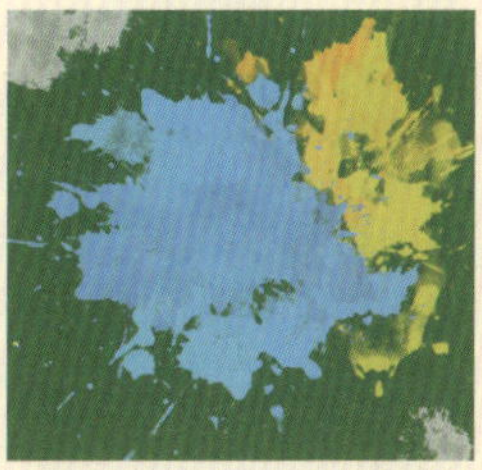

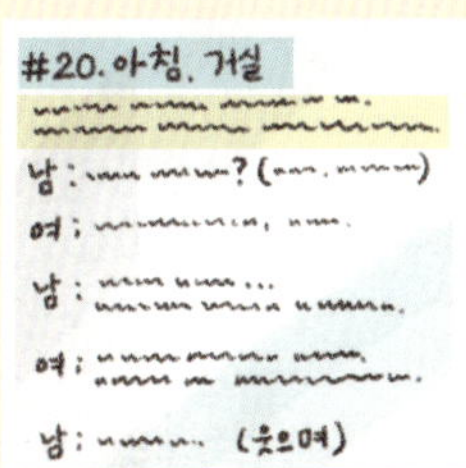

예술 감상

뛰어나다 / 높다	예술성 작품성	떨어지다 / 부족하다
사실적이다 참신하다 섬세하다	표현 기교 구도 ···	진부하다 난해하다 단조롭다

1) 가 여기서부터는 앞의 그림들과 색채가 많이 다르죠? 화가의 후기 작품들인데 전반적으로 어두운 회색과 우울한 파란색을 많이 사용했습니다.
   나 한 화가의 화풍이 이렇게 달라질 수도 있군요.

2) 가 이 가수가 노래를 잘하는 건가요? 제가 들을 때는 잘 모르겠던데.
   나 가창력이 뛰어나다기보다 음색이 독특해서 매력이 있어요.

3) 가 김유빈 작가의 이번 작품은 작품성에 비해 대중에게는 좋은 평가를 받지 못하고 있는데요.
   나 네. 소재와 구성이 일반적이지 않아서 대중이 이해하기에 난해한 부분이 많은 것 같습니다.

4) 가 이 도자기가 이 박물관에서 가장 예술성이 뛰어나다고 평가받는 작품입니다. 섬세한 장식을 보면 당시 도공들의 기교가 얼마나 뛰어났는지 짐작할 수 있습니다.

1 다음과 같이 이야기해 보십시오.

댄스곡은 발라드곡에 비해 [박자] 이/가 빨라 활기찬 느낌을 준다.

① 흑백 사진은 밝음과 어두움의 [   ] 차이가 뚜렷하게 드러난다.

② 이번 전시는 관람객들이 작품을 직접 만져 볼 수 있어 사용된 재료가 가진 ______의 차이를 느낄 수 있다.

③ 노래를 부를 때 음의 높낮이인 ______을/를 잘 맞추지 못하는 사람을 보통 '음치'라고 부른다.

④ 연극 배우는 ______ 전달력이 좋아야 하기 때문에 성량이 크고 발음이 정확해야 한다.

2 다음에 대해 이야기하십시오.

① 참신한 소재

② 진부한 농담

③ 난해한 작품

④ 사실적인 그림

⑤ 섬세한 감정 표현

⑥ 단조로운 일상

3 다음에 대해 이야기하십시오.

좋아하는 작품 | 소재 및 내용 | 기법 및 표현

2

092

이 연극이 무거운 내용을 다루고 있음에도 불구하고 관객들에게 큰 사랑을 받는 이유가 무엇입니까?

내용은 무겁지만 역사적 사실을 흥미롭게 풀어낸 것이 이번 연극의 흥행 성공 요인인 듯합니다.

> **-는 듯하다**
> - 짐작이나 추측을 나타낸다.
> - 격식적인 발화나 문어에서 주로 사용한다.

1) 가 이 작품은 무대에 올릴 때마다 매진 신화를 쓰고 있는데요. 이번에도 신화를 이어 갈 수 있을까요?
   나 티켓값이 올라 공연장을 찾는 관객이 줄고 있어서요. 이번에는 쉽지 않을 듯합니다.

2) 가 뭘 그렇게 흐뭇하게 보고 있어요?
   나 제가 좋아하는 배우가 찍은 광고인데 너무 멋있어요. 그윽한 눈빛, 꿀 바른 듯한 목소리에 눈과 귀가 녹을 듯해요.
   가 아이고, 빠져도 단단히 빠졌네요.

3) 가 그림 속 여성의 눈동자를 보면서 조금씩 움직여 보세요. 여성의 시선은 관람객이 어느 위치에 있든지 관람객을 바라보는 듯한 느낌을 주고 있습니다.
   나 정말 신기하네요. 표현 기법이 대단한 것 같아요.

> **그럴듯하다**
> - 제법 그렇다고 여길 만하다
>   예) 이렇게 장식해 놓으니까 그럴듯한데요.

4) 가 행사장 답사 갔다 왔지요? 사진으로 보면 그럴듯해 보이는데 실제로도 그렇습니까?
   나 네. 행사 장소 위주로 둘러봤는데 웬만한 시설은 다 갖추고 있더라고요. 없는 게 없는 듯합니다.

1 다음과 같이 이야기해 보십시오.

나비 그림, 사실적이다	
살아 있다	가 이 나비 그림, 너무 사실적이죠? 살아 있는 듯해요.
곧 날아 오를 것이다	가 이 나비 그림, 너무 사실적이죠? 곧 날아 오를 듯해요.

① 가수, 노래를 잘하다
- 음원을 틀어 놓았다
- 못 하는 노래가 없다

② 디자인, 독특하다
- 10대들이 좋아할 것이다
- 기억에 오래 남을 것이다

③ 사진, 바다 풍경이 멋있다
- 그림으로 그렸다
- 책상 앞에 놓으면 좋겠다

④ 노래 가사, 슬프다
- 내 이야기이다
- 인간의 외로움을 표현했다

2 다음과 같이 이야기해 보십시오.

가 음식을 많이 사 가는 걸 보니 가족하고 같이 사는 듯해요.

① 음식을 많이 사 가다	요리도 잘할 것이다
② 한국어가 어색하다	봄에 오면 좋을 것이다
③ 계속 하품을 하다	외국 생활을 오래 했다
④ 재료 손질을 잘하다	가족하고 같이 산다
⑤ 꽃나무가 많다	그 나라에서 유명하다
⑥ 모르는 사람이 없다	누우면 바로 잠들 것이다

3 다음에 대해 이야기하십시오.

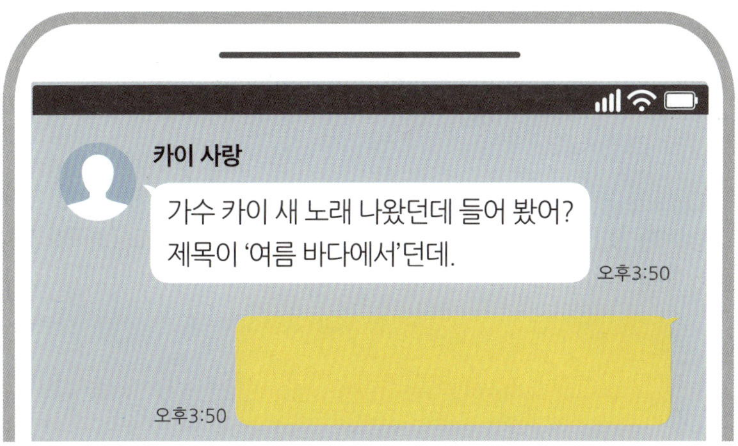

3

093

예술 산업의 이해

1. 예술 산업 전략

원소스 멀티유즈
(One Source Multi Use)

→ 하나의 예술품을 다양한 방식으로 판매

예술 산업의 기본 전략 중 하나는 '원소스 멀티유즈'입니다. 하나의 예술품을 영화, 게임, 음반, 애니메이션, 캐릭터 상품, 장난감, 출판 등의 다양한 방식으로 판매해 부가 가치를 극대화하는 방식을 말합니다.

예술 산업

자연환경 / 사회, 문화 / 신화, 종교 / 과학 기술 / 정치, 이념

순수 예술 / 상업 예술 / 공공 예술

창작하다 / 소비하다 / 기획하다 / 투자하다 / 참여하다

대량 생산 / 유료화 / 수익 창출 / 고부가 가치

저작권 / 해외 진출 / 시장 확대 / 플랫폼 변화

1) 가 이 소설이 이번에 다른 나라에서도 출간된다면서요?

나 네. 최우수 소설상을 수상하면서 해외에서도 큰 주목을 받으며 출간 요청이 쏟아졌다고 합니다. 이번 소설의 해외 출간으로 젊은 작가의 해외 진출이 급물살을 탈 것으로 보입니다.

2) 가 요즘은 재테크로 예술품에 투자를 하는 사람들이 많더라고요.

나 네. 그런데 예술품을 수익 창출 도구로만 생각하는 사람들도 있어서 문제라고 해요.

3) 가 공공 예술이란 공원이나 광장 같이 일반인들에게 공개된 장소에 전시되는 예술 작품 등을 말하는데요. 주변 환경과의 조화를 고려해 전시 기획이 이루어져야 한다는 점에서 주의가 필요합니다.

1 다음과 같이 이야기해 보십시오.

얼마 전까지 무료였던 명화 구독 서비스가 다음 달부터 [유료화] 되어 구독료를 내야 한다고 한다.

① 최근 AI 기술을 이용해 새롭게 [ ] 음악이나 그림의 저작권 인정 여부에 대한 논란이 이어지고 있다.

② 그 시기에 이탈리아에서 예술이 크게 발전할 수 있었던 것은 자본가들이 예술에 큰돈을 아낌없이 [ ] 때문이다.

③ 최근에는 관람객들이 작품의 완성 과정에 직접 [ ] 전시가 늘어나고 있다.

④ 관객들이 원하는 공연이 무엇인지 파악하고 공연의 시기와 장소를 결정하는 등 공연의 전 과정을 [ ] 사람들의 역할이 매우 중요해졌다.

2 다음에 대해 이야기하십시오.

공공 예술 작품의 사례

흥행에 성공한 순수 예술 작품

4

094

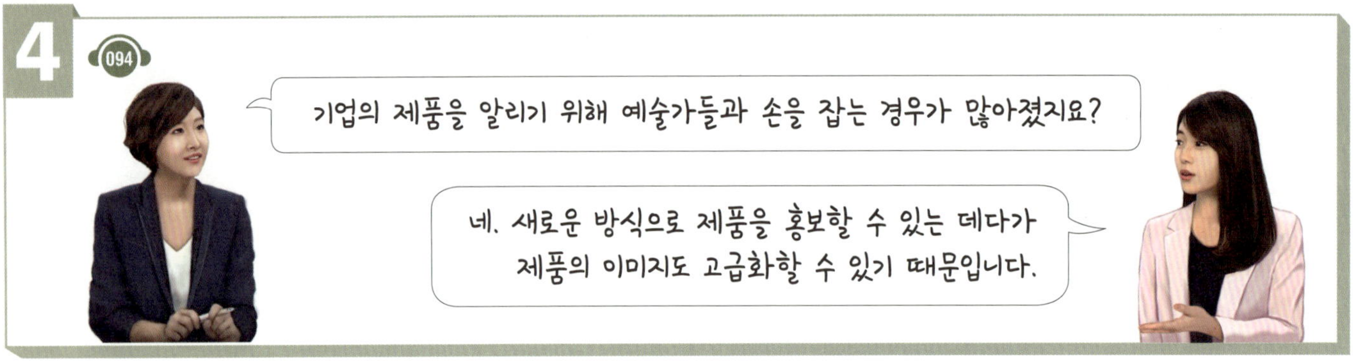

-는 데다가

- 앞의 내용에 뒤의 내용이 더해져 그 내용이나 정도가 심함을 나타낸다.
- 명사 뒤에는 '에다가'를 쓴다.

1) 가 현대 미술을 이해하기 힘든 이유가 무엇이라고 보십니까?
   나 작품의 소재가 매우 독특한 데다가 그것을 표현하는 방법까지 난해한 경우가 많기 때문이라고 봅니다.

2) 가 예술 산업 시장이 크게 발전하지 못하고 멈춰 있는 듯한데요.
   나 아무래도 예술 시장 규모 자체가 작은 데다가 대중들의 예술 시장에 대한 불신이 적지 않기 때문인 것으로 파악됩니다.

3) 가 요즘 젊은 애들이 얘기하는 걸 듣다 보면 무슨 말인지 이해가 안 될 때가 많아요.
   나 그러니까요. 줄임말에다가 신조어까지 사용하면 알아듣기가 정말 힘들어요.

1 다음과 같이 이야기해 보십시오.

이 작품	
재료가 독특하다, 구도가 참신하다	가 이 작품은 어떤 것 같아요? 나 재료가 독특한 데다가 구도도 참신해서 좋은 것 같아요.

① 성악가 — 성량이 풍부하다, 기교가 화려하다

② 소설 — 묘사가 사실적이다, 구성이 탄탄하다

③ 음악

가사가 없어서 듣기 편하다,
리듬이 경쾌하다

④ 그림

색채를 다양하게 사용했다,
재료의 질감을 잘 살려 냈다

2 **다음과 같이 이야기해 보십시오.**

가 요즘 SNS로 작품을 공개하는 작가가 늘었다면서요?

나 네. 작품을 손쉽게 알릴 수 있는 데다가 작품에 대한 소통도 가능하거든요.

① SNS로 작품을 공개하는 작가가 늘었다

② 공기업 입사 지원자가 늘었다

③ 이 건물 입주 신청자가 많다

④ 요즘 위염 환자가 늘었다

⑤ 김 과장이 큰 수익을 올렸다

- 가상 화폐 투자에 성공했다
- 교통 여건이 우수하다
- 스트레스를 많이 받다
- 복지 제도가 잘 갖추어져 있다
- 작품을 손쉽게 알릴 수 있다
- 주식이 크게 올랐다
- 각종 편의 시설이 모여 있다
- 안정적이다
- 작품에 대한 소통이 가능하다
- 자극적인 음식을 많이 먹다

3 **다음에 대해 이야기하십시오.**

많은 사람에게 사랑받는 예술가

많은 사람에게 사랑받는 예술 작품

이제 해 봐요

읽어요

1 다음은 게임의 특성에 대한 글입니다. 잘 읽고 질문에 답하십시오.

게임은 단순한 오락 수단에서 출발하여 현대에 이르기까지 꾸준히 발전해 온 복합적인 문화 산물이다. 1970년대 초부터 비디오 게임이 대중화되기 시작하면서, 기술의 발전과 더불어 점차 복잡하고 정교한 형태로 진화했다. 초기 아케이드 게임과 같이 간단한 형태에서 시작하여, 현재는 다양한 장르와 플랫폼에서 수많은 사용자들에게 사랑받는 콘텐츠로 자리 잡았다.

그렇다면 [(가)] 아직도 많은 이들은 게임을 예술로 인정하는 데 주저하곤 한다. 게임이 예술의 범주에 포함될 수 있는지 그리고 그 예술적 가치는 무엇인지 살펴보자.

게임은 그 자체로 다양한 예술적 요소를 내포하고 있다. 시각적 아름다움을 제공하는 그래픽, 감정을 자극하는 음향과 배경 음악은 게임의 중요한 구성 요소다. 게임을 즐기는 이들이 게임의 세계관에 몰입하고 캐릭터에 매료되게 하는 스토리 구성 등 게임 제작의 모든 측면에서 예술적 기법이 활용된다. 이러한 통합적 접근은 게임을 영화와 같은 '종합 예술'로 여기게 하는 이유 중 하나다. 게임이 제공하는 창의적 경험, 인간 감정을 자극하는 깊이 그리고 문화적 표현의 다양성은 게임을 현대 예술의 한 형태로 자리매김할 수 있음을 보여 준다.

최근에는 증강 현실(AR), 가상 현실(VR), 인공 지능(AI)과 같은 첨단 기술이 게임뿐만 아니라 예술계에서도 적극적으로 활용되고 있으며 이러한 변화가 게임과 예술의 경계를 더욱 모호하게 만들고 있다.

게임이 예술로 인정받는 데에는 여전히 다양한 의견이 존재하지만, 게임은 단순히 플레이어를 즐겁게 하는 것을 넘어서 창작자의 생각을 전달하고 사회적 메시지를 던지는 플랫폼으로 활용될 수 있다. 게임의 예술적 측면을 깊이 탐구하고 그 가치를 인정하는 관점이 점차 확산되고 있어, 게임이 예술의 영역에서 차지할 위치는 앞으로 더욱 확대될 것으로 보인다.

1) (가)에 들어갈 알맞은 문장을 쓰십시오.

2) 이 글에 소개된 것을 모두 고르십시오.

① 게임의 기원

② 게임의 어원

③ 게임의 역사

④ 게임의 요소

⑤ 게임의 가치

들어요

1 다음은 웹툰 산업에 관한 방송입니다. 잘 듣고 질문에 답하십시오. 095

1) 들은 내용과 같으면 ○, 다르면 ×에 표시하십시오.

① 웹툰은 2000년대 초반에 한국에서 시작되었다.	o	x
② 디지털 기술의 발전이 웹툰 시장의 성장에 기여했다.	o	x
③ 웹툰 시장의 급속한 성장은 주로 전통 만화의 부진 때문이다.	o	x

2) 이어질 방송에서 다룰 내용으로 알맞은 것을 고르십시오.

① 웹툰의 최장기 연재 작품

② 웹툰 기반 2차 저작물의 제작 사례

③ 웹툰 작가의 열악한 근무 환경

말해요

1 현재 가장 각광받는 예술 작품에 대해 이야기하십시오.

1) 현재 전 세계적으로(또는 자국이나 한국에서) 가장 인기 있는 예술 작품을 생각해 보십시오.

2) 다음에 대해 알아보고 메모하십시오.

- 예술 유형과 작품명
- 작품 창작자, 창작 시기, 창작 배경
- 작품의 특징
- 작품에 대한 평가
- 작품의 수익
- 작품에 대한 개인적 의견

3) 메모한 내용을 바탕으로 발표할 내용을 정리하십시오.

4) 정리한 내용을 바탕으로 발표하십시오. 효과적인 전달을 위해 관련 이미지나 영상 자료도 준비하십시오.

5) 서로의 발표를 듣고 더 알게 된 내용이나 수정해야 할 내용이 있는지 이야기 나누십시오.

써요

1 현재 가장 각광받는 예술 작품에 대한 글을 쓰십시오.

1) 말하기에서 정리한 내용을 다시 검토하십시오.

- 내용이 적절한지
- 표현이 적절한지

2) 검토한 내용을 바탕으로 글을 수정하십시오.

3) 글에 오류가 없는지 다시 검토하십시오.

4) 서로의 글을 읽어 보고 평가하십시오.

● 어떤 상황에서 다음의 표현을 사용하는지 이야기해 봅시다.

표현	
한 우물을 파다	
예술은 길고 인생은 짧다	
명불허전	
백미	
화룡점정	
천재는 1%의 영감과 99%의 땀으로 만들어진다	
부르는 게 값이다	

자기 평가

이번 과 공부는 어땠어요? 별점을 매겨 보세요!

예술 작품과 예술 산업에 대해 말할 수 있습니까?	☆ ☆ ☆ ☆ ☆

10 안정된 삶

어려움을 겪을 때 보호받을 수 있는 제도가 마련되어 있습니까?

희망
안전
행복

학습 목표

안정된 삶을 위한 사회 보장 제도에 대해 이야기할 수 있다.

- 보험의 종류, 보험 이용 절차, 사회 보장 제도
- -나 싶다, -(으)ㅁ으로써

K 복지

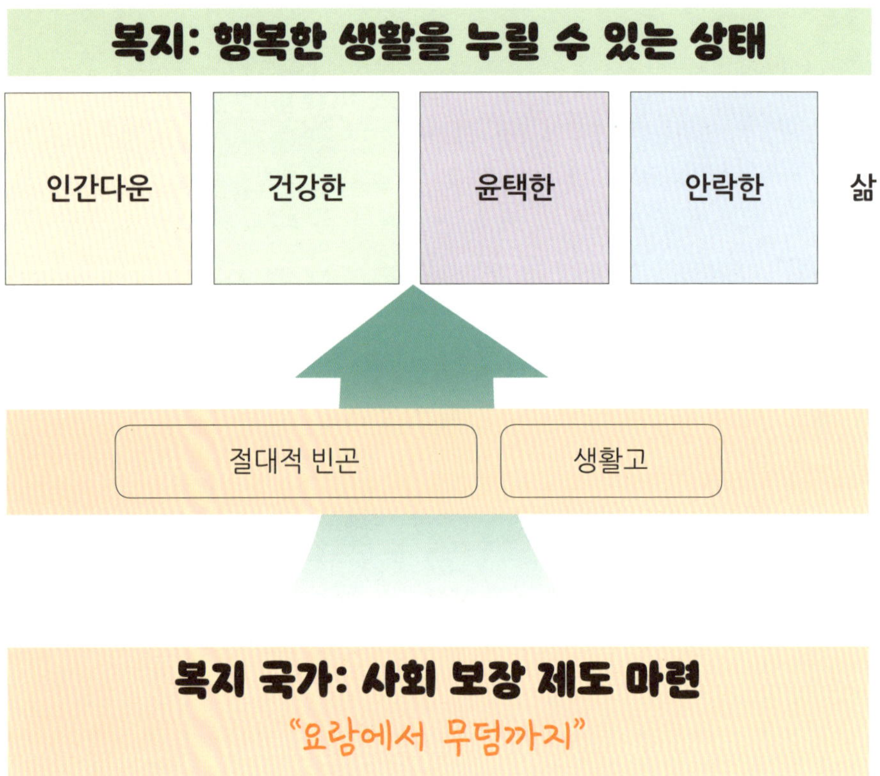

더 알아보기 >

subong2 '복지 국가' 하면 유럽 국가들을 먼저 떠올리는데 한국도 뒤처지지 않아요.

└ choco 한국의 복지 제도는 서양에서 도입한 것이 대부분이죠?

└ subong2 현대적 제도는 그렇죠. 근데 조선 시대에도 사회적 약자를 지원하는 사회 보장법이 있었어요.

배워요

1

101

한국은 병원비 부담이 크지 않은가 봐요.

네. 건강 보험 제도가 잘되어 있어서 웬만한 질병은 보험 처리가 돼요.

보험의 종류

국민연금

건강 보험

4대 사회 보험

고용 보험

산재 보험

생명 보험	사망 보험	질병 보험	연금 보험
손해 보험	자동차 보험	화재 보험	여행자 보험

보장성 보험 / 저축성 보험

보험 이용 절차

보험에 가입하다 ⇨ 보험료를 납입하다
- ⇨ 사고 발생 ⇨ 보험금을 청구하다 ⇨ 보험금을 수령하다
- ⇨ 보험을 중도 해지하다
- ⇨ 보험 만기가 되다
  - ⇨ 보험금을 환급받다
  - ⇨ 보험을 갱신하다

계약자 · 피보험자 · 설계사

계약서 · 약관 · 보장 내용

납입 기간 · 보장 기간 · 보험금

자필 서명 · 계약 무효 · 보험료

부사
- 아무리
- 오히려
- 차라리
- 어차피
- 하마터면

1) 가 얼마 전에 자동차 접촉 사고가 났다면서요? 잘 해결됐어요?
   나 자동차 보험으로 보험 처리했어요. 보험사에서 알아서 해 주니까 편하더라고요.

2) 가 다음 달에 큰 애 교육 보험이 만기가 되는데 어떻게 할까요?
   나 어차피 내던 거니까 갱신해서 유지하는 게 어때요?

3) 가 수술비는 보험 청구했어요?
   나 네. 신청은 했는데 보험으로 다 보장받을 수 있는지는 아직 모르겠어요.

4) 가 보험 계약을 하실 때는 복잡하고 귀찮더라도 약관을 꼼꼼히 확인하시는 게 중요합니다. 또한 계약서에 자필 서명이 빠지면 계약이 무효가 된다는 점 명심하세요.

1 다음과 같이 이야기해 보십시오.

Q. 암 보험에 여러 개 가입하면 보험금을 여러 보험사로부터 모두 받는 건가요?

A. 그렇습니다. 암 보험은 중복 보장이 가능해 각 보험사로부터 보험금을 모두 [가입할 , 수령할] 수 있습니다.

① Q. 계약 기간이 끝나면 보험료는 어떻게 되나요?

A. 고객님이 가입하신 보험은 [수령하면 , 만기가 되면] 보험료의 일부를 돌려 받는 상품입니다.

② Q. 보험을 중간에 [해지하고 , 보장하고] 싶은데 손해가 클까요?

A. 네. 원금을 다 받지 못할 수도 있고 이후에 같은 보험에 재가입이 안 되는 경우도 있으니 신중히 결정해야 합니다.

③ Q. 올해 병원에서 진료받은 내용을 보장받고 싶습니다.

A. 먼저 병원에서 진단서를 받아 보험금을 [청구하면 , 납입하면] 됩니다.

2 다음에 대해 이야기하십시오.

가입한 보험	보험의 종류	보장 내용	보험료

2

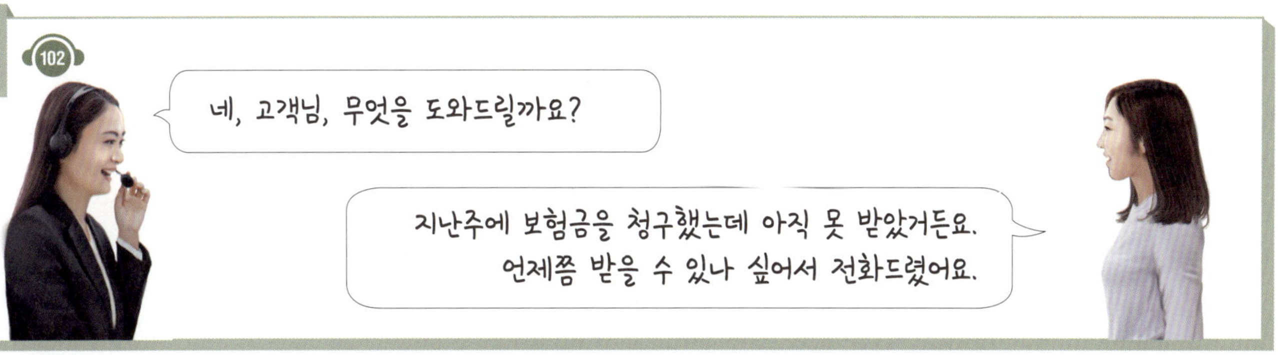

-나 싶다

- 불확실한 생각이나 의심스러움, 걱정이나 후회 등을 나타낸다.
- 형용사 뒤에는 '-ㄴ가 싶다'를 쓴다.
- 미래 상황에 대해서는 '-ㄹ까 싶다'를 쓴다.

1) 가 이런 보험은 우리도 가입하면 좋겠다. 한번 알아볼까?
   나 나도 얼마 전에 외국인도 가입할 수 있나 싶어서 찾아봤는데 조건에 안 맞더라고.

2) 가 치아 보험에 가입한 게 있는데 치과 갈 일이 없으니 보험료만 나가네요. 괜히 들었나 싶어요.
   나 앞으로 나이가 들면 치과에 갈 일은 많아질 테니까 가지고 있는 게 좋아요.

3) 가 대학원 수업 때문에 관련 논문들을 읽어 보고 있는데 이해가 안 될 때가 많아요. 제 수준보다 너무 어려운 전공을 선택했나 싶어요.
   나 아직 석사 1학기니까 차근차근 공부해 나가면 될 거야. 선배들하고도 수시로 이야기하고.

4) 가 청년은 줄고 노년층은 늘면서 이로 인한 사회 문제를 해결하기 위해 여러 방안이 검토되고 있습니다. 그러나 인구의 고령화 속도가 너무 빨라 우리 사회의 대처가 이미 늦은 게 아닌가 싶습니다.

1 다음과 같이 이야기해 보십시오.

만기가 되면 얼마나 환급받을 수 있을까?	만기가 되면 얼마나 환급받을 수 있나 싶어서 인터넷으로 찾아봤다.

① 지금 보험을 해지하면 어떻게 될까?

② 나 같은 20대들은 어떤 보험을 들지?

③ 보험금 청구 기간이 언제까지더라?

④ 남미는 몇 월이 여행하기에 가장 좋을까?

⑤ 이번 주 학생 식당 점심 메뉴가 뭐지?

⑥ 어느 팀이 이겼을까?

2 다음과 같이 이야기해 보십시오.

가 저소득층 빈곤 문제에 대해 어떻게 생각해요?

나 글쎄요. 저는 이것을 개인의 책임으로 돌리는 게 맞나 싶네요.

① 저소득층의 빈곤
② 학습자의 실력 저하
③ 물가 인상
④ 이번 방송 사고
⑤ 출생률 감소

- 시민들이 각자 대처하다
- 과거의 지원 방식을 그대로 따르다
- 개인의 책임으로 돌리다
- 학생의 노력 부족으로 여기다
- 담당자 해고로 끝내다

- 맞다
- 옳다
- 최선이다
- 바람직하다

3 다음에 대해 이야기하십시오.

후회되는 일 | 우려되는 일

3

103

사회 보장 제도는 질병이나 재해, 실업, 빈곤과 같은 사회적 위험으로부터 국민을 보호하기 위해 마련되었습니다. 복지 국가에서는 여러 제도와 서비스를 통해 국민이 최소한의 인간다운 삶을 살도록 돕고 있지요.

사회 보장 제도/ 사회 복지

목적	기본 생활 보장	자립 기반 마련		
보장 범위	빈곤	재해	장애	실업
	질병	사망	노후	출산, 양육
실현 방법	법 · 제도 마련	사회적 공감대 형성		
	예산 확보	시설 건립		
	인력 확충	서비스 제공		
지원 대상	노인	장애인	임산부	어린이
	이재민	노숙인	독거노인	미혼모
	실업자			
	취약 계층	저소득층, 빈곤층		

1) 가 주변을 둘러보면 경제적으로 자립하지 못하는 사람들도 많아요.
   나 그래서 복지 제도가 필요해요. 경제 활동을 하지 못하는 처지의 사람들도 기본 생활은 보장받을 수 있도록 국가가 지원하는 거죠.

2) 가 이 기사 좀 보세요. 소위 복지 국가라고 하는 나라들은 복지 예산을 30% 이상 확보해 놓고 있다네요.
   나 굉장히 큰 비중을 차지하네요. 그러면 저소득층뿐만 아니라 갑자기 일자리를 잃은 실업자 등 그때그때 도움이 필요한 사람들이 충분한 혜택을 받을 수 있겠어요.

3) 가 나이가 많은 어르신들은 생활이 너무 단조로워서 하루하루를 무료하게 보내실 것 같아요.
   나 꼭 그런 것만도 아니에요. 요즘은 지역마다 노인 복지 시설이 많이 건립되어 있잖아요. 거기에서 사람들과 교류도 활발히 하고 활동도 다양하게 할 수 있어요.

4) 가 정부는 이번 산불로 큰 피해를 입은 지역에 시설 복구비와 이재민 생계 안정 지원금을 제공하기로 하고 빠른 재해 수습을 약속했습니다.

1 다음과 같이 이야기해 보십시오.

①	독거노인	● — ●	가족 없이 혼자 살아가는 노인
②	이재민	● ●	집 없이 밖에서 잠을 자며 생활하는 사람
③	노숙인	● ●	재해를 입은 사람
④	미혼모	● ●	결혼하지 않은 상태에서 아이를 낳은 여성

2 다음과 같이 이야기해 보십시오.

이 지역에 초등학생 유입이 크게 늘었으나 그에 비해 교사 수는 매우 부족합니다. 빠른 시간 내에 늘려 나가는 것이 바람직합니다.	인력 확충

① 가정 형편이 어려운 아이들을 경제적으로 지원하기 위해서는 필요한 재원을 마련하는 것이 시급합니다. [ ]

② 디지털 범죄로 인한 피해 사례가 많아지면서 이에 대해 강력한 사회적 규칙이 필요하다는 목소리가 커지고 있습니다. [ ]

③ 이번 제도 개선에 앞서 지역 시민을 대상으로 여러 차례 설명회를 진행했습니다. 이를 통해 지역민 대부분의 지지를 얻을 수 있었습니다. [ ]

3 다음에 대해 이야기하십시오.

사회 복지 | 장애인 | 노숙인 | 빈곤층 어린이

4

(104)

김 기자, 폭우로 인해 물난리가 반복되고 있는데 지자체에서는 어떤 준비를 하고 있습니까?

우선 상습 침수 지역의 시설을 점검함으로써 큰 피해가 발생하지 않도록 하고 있습니다.

-(으)ㅁ으로써

- 도구, 수단, 방법을 나타낸다.

1) 가 김 기자, 국민들 사이의 경제적 수준 차이가 10년 전보다 더 벌어졌다는 연구 결과가 나왔네요.
   나 그렇습니다. 이에 저소득층에 대한 지원을 늘림으로써 그 차이를 점차 줄여야 한다는 의견이 힘을 얻고 있습니다.

2) 가 이번에 발표한 복지 정책에 대해 실효성이 없다는 비판이 있습니다. 의원님은 어떻게 생각하십니까?
   나 네. 저도 시민들의 의견을 다양하게 들음으로써 보다 실제적인 정책을 세웠어야 한다고 생각합니다.

3) 가 '십시일반'이라는 말을 아십니까? 혼자서는 어렵지만 여러 명이 조금씩 힘을 모으면 한 사람을 돕기 쉽다는 뜻입니다. 기부도 마찬가지입니다. 여러분 한 사람 한 사람이 마음을 더함으로써 어려운 이웃을 도울 수 있습니다.

1 다음과 같이 이야기해 보십시오.

SNS를 적극적으로 활용하다	가 이번 복지 정책을 지지하는 국민들이 많다고요. 나 네. SNS를 적극적으로 활용함으로써 사회적 공감대를 형성할 수 있었습니다.

①	정책 홍보 활동을 늘리다	②	유명인을 앞장세우다
③	정책 실효성에 관한 인식을 개선하다	④	더불어 사는 사회의 가치를 일깨우다
⑤	시민 공개 토론으로 사회적 합의를 이끌어 내다	⑥	의견의 다양성을 인정하는 사회 분위기를 만들다

2 다음과 같이 이야기해 보십시오.

가 환경법을 강화함으로써 대기 오염을 줄일 수 있을 것입니다.

①	환경법을 강화하다 •	• 심신의 건강을 유지하다
②	공공요금을 낮추다 •	• 글의 신뢰성을 높이다
③	경험의 폭을 넓히다 •	• 대기 오염을 줄이다
④	올바른 생활 습관을 가지다 •	• 서민 생활을 뒷받침하다
⑤	전문가의 말을 인용하다 •	• 장래 계획을 구체화하다

3 다음에 대해 이야기하십시오.

해결책	높은 노인 빈곤율	낮은 장애인 취업률

이제 해 봐요

들어요

1 다음은 보험 상담 통화 내용입니다. 잘 듣고 질문에 답하십시오. 105

1) 남자는 무엇 때문에 상담을 받고 있습니까? 맞는 것을 고르십시오.

① 보험에 가입하기 위해 ② 보험금을 청구하기 위해

③ 보험료를 납입하기 위해 ④ 보험 조건을 알아보기 위해

2) 들은 내용과 같으면 ○, 다르면 ×에 표시하십시오.

① 남자는 치매에 걸렸을 때 보장받을 수 있는 보험이 없었다. ○ ×

② 남자는 보험료가 저렴해서 새로운 보험으로 바꾸기로 했다. ○ ×

③ 여자가 추천한 보험은 10년마다 보험을 다시 연장해야 하는 보험이다. ○ ×

읽어요

1 다음은 청년 복지 정책에 대한 글입니다. 잘 읽고 질문에 답하십시오.

현재를 살아가고 있는 청년들이 느끼는 어려움에는 어떤 것이 있을까? 고려경제연구소가 20~30대 대학생, 사회 초년생, 맞벌이 부부 등 다양한 청년층을 대상으로 설문 조사를 한 결과, 응답자의 65%가 '낮은 임금과 불안정한 일자리'를 가장 큰 어려움으로 꼽았다. '부족한 생활비'가 16.3%로 그 뒤를 이었고, '대출금 부담', '높은 월세와 전세로 인한 주거 불안'이 다음 순위를 차지했다. 이러한 청년층의 다양한 어려움에 대응하기 위해, 정부는 맞춤형 청년 지원 방안을 마련하고 있다.

1. 취업 역량 강화

일자리에 대한 청년들의 고민이 깊은 만큼 우선 정부는 취업 지원 정책을 강화한다. 청년들이 더 나은 일자리를 구하기 위해서는 취업 역량을 높이는 것이 필수적이므로 정부는 업무 관련 자격증이나 외국어 자격증을 취득하기 위한 교육비와 응시료를 지원한다. 또한 업무에 빠르게 적응하도록 그 일을 직접 경험해 볼 수 있는 기회를 청년들에게 주거나 관련 직무 교육을 무료로 실시한다.

2. 목돈 마련 지원

낮은 임금, 불안정한 일자리 문제는 생활비 부족 문제를 일으키고 미래에 대한 대비를 어렵게 만든다. 청년들이 미래를 대비할 수 있도록 정부는 금융 상품을 만들어 청년들의 목돈 마련을 돕는다. 중소기업이나 소규모 사업장에서 일하는 청년들이 정해진 기간 동안 일정 금액을 납입하면 기간이 만료되었을 때 쌓인 납입금에 정부 지원금이 더해지는 방식이다. 청년들이 손실의 위험 없이 주머니를 불릴 수 있는 방법이면서 해당 직장에서의 장기간 근무를 유도한다는 장점이 있다.

3. 주거 안정 도모

전세 보증금과 월세가 오르면 자신의 형편에 맞는 곳을 찾아 계속 이사를 하게 된다. 이로 인한 주거의 불안정성은 대도시의 경우에 더욱 심하다. 청년들의 경제적 부담을 해소하기 위해 정부는 서울, 수도권, 지방의 대도시와 중소 도시 등 지역에 따른 주거 급여를 차등 지원하고 있으며 전월세 비용을 저금리로 대여해 주는 정책을 펼치고 있다.

4. 생활비 보조

아직 사회에 자리를 잡지 못한 청년들에게는 매일 지출하는 교통비, 매달 고정적으로 나가는 통신비와 건강 보험료 등도 부담이 된다. 이에 정부는 일반 시민들보다 더 저렴하게 대중교통을 이용할 수 있는 카드를 청년들에게 발급해 주고 건강 보험료가 연체된 미취업 청년이나 저소득 청년에게 의료 불이익이 생기지 않도록 연체료 납부를 돕고 있다. 이렇게 일상의 고정 지출 비용을 지원함으로써 생활비의 부담을 실질적으로 줄여 주는 것이다.

1) 청년 대상 설문 조사 결과로 맞는 그래프를 고르십시오.

①

②
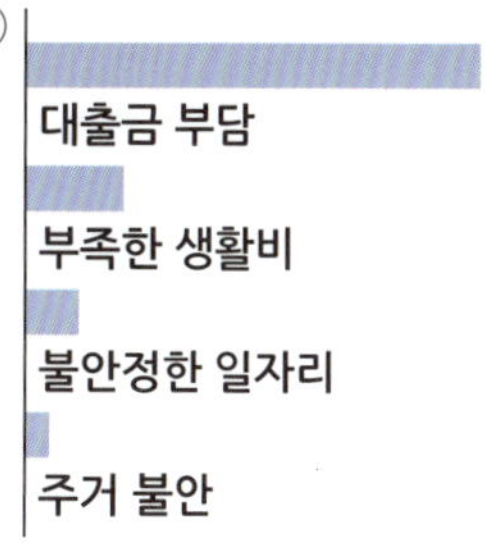

③
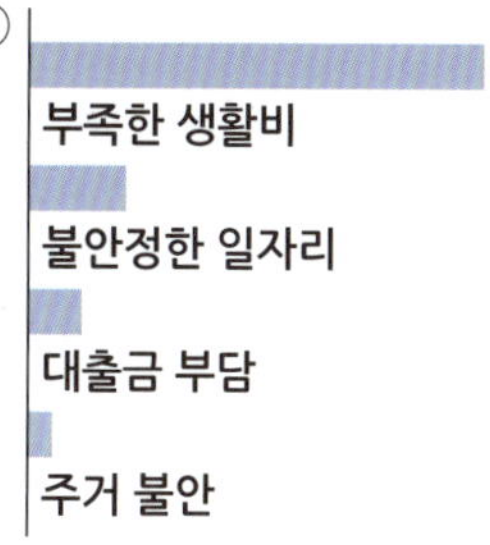

2) 청년 지원책의 구체적인 내용을 정리하십시오.

- 취업 준비
- 목돈 마련
- 주거 안정 도모
- 생활비 지원

써요

1 여러분 나라의 사회 보장 제도에 관한 발표 자료를 만드십시오.

1) 여러분 나라에는 어떤 사회 보장 제도가 있습니까? 소개하고 싶은 제도를 생각해 보십시오.

2) 소개하고 싶은 제도에 대해 조사하고 메모하십시오.

- 보장 대상 :
- 제도의 등장 배경 및 목적 :
- 구체적 내용 및 방법 :
- 효과 및 의의 :
- 보완해야 할 점 :

3) 메모한 내용을 바탕으로 발표 자료를 만드십시오.

말해요

1 여러분 나라의 사회 보장 제도에 관한 발표를 하십시오.

1) 쓰기에서 정리한 내용을 바탕으로 발표를 할 것입니다. 다음에 대해 생각해 보십시오.

- 발표의 내용과 구조
- 발표 전달력

2) 수정이 필요한 부분이 있다면 보완하십시오.

3) 준비한 내용을 바탕으로 발표를 하십시오.

- 어떤 상황에서 다음의 표현을 사용하는지 이야기해 봅시다.

표현	
손을 내밀다	
등을 돌리다	
귀를 기울이다	
유비무환	
산 넘어 산이다/갈수록 태산	
소 잃고 외양간 고친다	
마른 하늘에 날벼락 맞는다	
무소식이 희소식이다	

자기 평가

이번 과 공부는 어땠어요? 별점을 매겨 보세요!

안정된 삶을 위한 사회 보장 제도에 대해 이야기할 수 있습니까?	☆☆☆☆☆

정답

6과 데이터 사회

읽어요

1) ③
2) ㉮ 스마트폰으로 조명을 제어하거나 보일러를 미리 조정하는 사례
㉯ 스마트 교통 시스템과 공공 쓰레기통의 사례
㉰ 공장 기계 모니터링과 의료 웨어러블 기기의 사례

들어요

1) ①, ③
2) ③

7과 언어생활

들어요

1) ②
2) ④

읽어요

2) (가) ㉢, (나) ㉠, (다) ㉡

8과 건축과 주거

읽어요

1) ②
2) ③

들어요

1) ①
2) ① ○ ② × ③ ○

9과 예술 산업

읽어요

1) 게임이 예술이라는 카테고리에 들어갈 수 있는가?
2) ③, ④, ⑤

들어요

1) ① ○ ② ○ ③ ×
2) ③

10과 안정된 삶

들어요

1) ④
2) ① ○ ② × ③ ×

읽어요

1) ①

듣기 지문

6과 데이터 사회

061 배워요 1

남 산업 전반에 큰 변화를 이끈 사건을 산업 혁명이라고 하는데요. 1, 2, 3차 산업 혁명에 이어 4차 산업 혁명이 우리 생활에서 일어나고 있습니다.

062 배워요 2

남 1 자율 주행차 덕분에 삶의 여유를 얻을 수 있다고요?

남 2 네. 운전 상황에 맞춰 좌석과 모니터 화면이 조절되는데요. 휴식 모드를 선택하면 자동차가 휴식 공간이 되는 셈입니다.

063 배워요 3

여 빅 데이터란 말 그대로 큰 데이터를 말합니다. 세 가지 핵심 요소가 있는데요. 첫째, 데이터의 양이 방대하다, 둘째, 데이터의 처리 및 생성 속도가 빠르다, 셋째, 데이터의 종류가 숫자 외에 다양한 유형으로 나타난다는 것입니다.

064 배워요 4

여 데이터로 알 수 있는 우리 사회의 모습, 첫 번째 키워드는 "나는 혼자 삽니다."라는 거예요.
데이터로 알 수 있는 우리 사회의 모습 첫 번째 키워드는 나는 혼자 산다는 거예요.

065 이제 해 봐요

남 요즘 혼자 하는 활동이 유행입니다. 혼밥, 혼술은 물론 혼자 떠나는 여행도 인기죠. 저도 이번에 혼자 자유 여행을 해 볼까 하고 여러 가지를 알아봤는데, 숙소 정하기부터 고민이 많더라고요. 위치도 중요하고, 조식이 제공되는지도 확인해야 하고, 전망도 좋은 곳을 찾고 싶었거든요. 그런데 그때, 제가 검색했던 여행지에 딱 맞는 숙소 광고가 컴퓨터 화면에 나타났어요. 어떻게 이런 광고가 뜨는 걸까요? 알고 보니, 제가 검색했던 기록이 빅 데이터로 수집되고 분석되어 제게 적합한 광고를 보여 주는 거였죠. 빅 데이터는 우리가 인터넷에서 남기는 검색 기록, 카드 사용 내역, SNS 게시물 등을 통해 빠르게 축적되고 있습니다. 시장 조사에 따르면 전 세계 데이터 생성량은 2010년 약 2제타바이트에서 2020년 약 64제타바이트로 그리고 2025년에는 약 180제타바이트로 증가했습니다. 그렇다면 제타바이트는 얼마나 큰 단위일까요? 1제타바이트는 약 250조 곡의 MP3 음악 파일을 저장하거나, 2천억 개의 고화질 영화 파일을 담을 수 있는 용량이라고 합니다. 정말 상상이 안 될 정도로 방대한 양이죠. 이렇게 급증하는 데이터는 우리 일상에서 다양하게 활용되고 있죠. 교통 데이터를 분석해 최적의 경로를 제시하거나, 소비자 성향을 분석해 맞춤형 서비스를 제공합니다. 또 날씨 예측을 정교하게 하고, 범죄 패턴을 분석해 예방과 수사에 활용하는 등 사용하지 않는 분야가 없는 셈입니다. 우리 생활에서 빅 데이터는 많은 편리함을 제공하지만, 동시에 내가 남긴 수많은 기록들이 어딘가에 남아 있다는 점도 잊지 말아야겠죠. 빅 데이터를 똑똑하게 활용하는 동시에, 내 데이터 관리에 신중을 기할 필요가 있습니다.

7과 언어생활

071 배워요 1

남 오늘은 한국어의 이해 세 번째 시간으로 한국어의 특징을 알아보겠습니다. 한국어는 언어 유형적으로 보면 첨가어입니다. 조사와 어미를 첨가해서 문법적 기능을 표시하는 언어죠.

072 배워요 2

여 한글 자음을 어떻게 만들었느냐면 입술, 혀와 같은 사람의 발음 기관의 모양을 본떠 만들었다고 해요.

남 아, 그래서 한글이 과학적이라는 거군요.

073 배워요 3

남 지난 시간에 언어는 시대를 반영한다고 하셨잖아요. 그렇다면 시대를 잘 보여 주는 신조어 사용이 왜 문제가 되는 거죠?

여 신조어는 주로 젊은 층에서 사용하잖아요. 그래서 과하게 사용하게 되면 세대 간 의사소통을 단절시킬 수 있죠.

074 배워요 4

남 교수님, 언어 능력은 문법과 어휘 지식을 의미하는 것입니까?

여 꼭 그렇지는 않습니다. 언어 능력은 지식보다는 얼마나 실제적인 의사소통 능력이 있느냐에 달려 있거든요.

075 이제 해 봐요

여 오늘이 벌써 네 번째 시간이네요. 오늘 강의는 지난 시간에 안내한 대로 줄임말에 대해 살펴보겠습니다. 줄임말 많이 사용하지요? 요즘 많이 쓰는 줄임말에는 어떤 게 있어요?

학생들 *(웅성거리는 소리)*

여 네? 저는 여러분들이 무슨 말을 하는지 잘 모르겠네요. 여러 비판적 의견도 있지만 줄임말은 이제 새로운 언어 사용의 큰 흐름이 됐습니다. 거부할 수 없는 보편적인 문화라는 거지요. 그럼, 사람들은 대체 왜 줄임말을 이렇게 많이 쓸까요? 사용 동기를 먼저 알아보겠습니다. 여러분은 왜 줄임말을 써요?

학생들 *(웅성거리는 소리)*

여 그렇죠. 바쁘니까요. 또 종일 스마트폰으로 메시지, 이메일, 이런 걸 주고받고 소통을 해요. 그러니까 시간과 노력을 아끼기 위해 말을 줄여서 쓰는 겁니다. 가장 큰 동기는 이렇게 경제성입니다. 가능한 한 짧은 표현으로 줄여서 언어 사용의 효율성을 얻으려는 거지요. 그런데 경제성만 생각해서 마구 줄이다 보면 무슨 말인지 알 수가 없고 비슷한 말들이 많아집니다. 그래서 경제성과 함께 생각해야 하는 것은 바로 구별성입니다. 즉, 서로 구별할 수 있을 때까지 줄인다는 거지요. 또 다른 사용 동기는 뭘까요? 네, 줄임말을 쓰는 게 재미있기 때문이죠. 바로 오락적 동기입니다. 일상적인 단어와 다른 형식을 통해 신선함을 느끼고요. 줄임말의 뜻을 추측하면서 마치 수수께끼를 푸는 듯한 즐거움을 느끼기도 합니다. 또 줄임말의 발음 때문에 웃음이 나오는 경우도 있죠. 또 다른 동기로는 유대감을 들 수 있습니다. 같은 줄임말을 쓰는 사람들끼리는 유대감이 강화됩니다. 특히 청소년들이나 젊은 세대, SNS 사용자들은 기성세대가 이해하기 어려운 새로운 줄임말을 만들어 자기들끼리만 사용하는 경우가 있어요. 일종의 은어죠. 그런 말을 쓸 때 서로 간의 동질감, 유대감이 매우 커지게 됩니다. 여러분도 줄임말을 쓰면서 이런 감정을 느낀 적이 있지요? 한번 이야기해 볼까요?

8과 건축과 주거

081 배워요 1

남 이 건축물은 대리석으로 지어졌는데요. 지붕을 비롯해 많은 부분이 훼손되기는 했지만 남아 있는 기둥을 보면 좌우 대칭을 이루고 있다는 것을 알 수 있습니다.

082 배워요 2

여 교수님, 천 미터가 넘는 건축물이 앞으로 많이 건설될 거라고 생각하세요?

남 획기적인 건축 기술이 개발되지 않는 한 쉽게 건설되기는 어려울 거라고 봅니다.

083 배워요 3

남1 주거용으로 사용할 건축물은 어떤 곳에 배치해야 할까요?

남2 교통 여건이 우수하고 편의 시설이 풍부한 곳이어야 할 것 같습니다.

084 배워요 4

여1 교통도 좋고 주변에 편의 시설도 잘 갖추어져 있고 입지는 정말 좋은 것 같다.

여2 근데 입지만 좋지 집 안은 형편없어. 구석에 곰팡이도 있고 악취도 나고. 환기를 전혀 안 시키고 사나 봐.

085 이제 해 봐요

남 지금 보고 계시는 건축물은 세계에서 가장 아름다운 무덤으로 손꼽힙니다. 사랑하는 아내가 죽자 황제는 아내를 기억하기 위해 이 아름다운 무덤을 짓게 하는데요. 연못에 반사된 건축물의 모습이 무척 신비롭고 환상적이지요? 건축물이 자아내는 이 신비롭고 환상적인 분위기는 주재료인 대리석과 이 원통형의 돔 때문이라고 평가하는 사람들이 많습니다. 햇빛과 달빛이 비추는 시간에 따라 대리석은 하얀색으로도 붉은색으로도 푸른색으로도 보이기 때문이지요. 그리고 본관 중앙에 자리한 이 거대한 원통형의 돔은 부드럽고 우아한 아치 형태를 띠고 있는데요. 이러한 형태는 어디에서나 쉽게 볼 수 있는 일반적인 곡선 형태가 아니라 이 건축물이 가진 독특한 형태죠. 또 이 건축물은 가장 완벽한 대칭 구조를 가진 세계 최대 건축물로 평가되기도 하는데요. 여기 본관과 본관을 둘러싸고 있는 이 네 개의 기둥은 물론이고 출입구에서 본관에 이르는 정원과 정원 가운데 자리한 연못까지 완벽한 좌우 대칭을 이루고 있습니다. 그래서 동서남북 어떤 방향에서 바라봐도 좌우가 똑같은 모습이지요. 놀라운 것은 여기 벽면에 새긴 꽃이나 나무 무늬까지 모두 대칭이라는 겁니다. 이렇게 정교한 무늬를 대리석 하나하나에 새겨 넣은 것을 보면 22년이라는 공사 기간이 오히려 짧게 느껴질 정도입니다. 건축물에 사용된 이 수많은 대리석을 운반하기 위해 동원된 코끼리가 무려 천 마리가 넘었다는 사실도 건축물의 규모가 얼마나 어마어마한지 짐작할 수 있게 하지요. 이렇게 아름다운 무덤을 400여년 전에 지었다는 것이 정말 놀랍지 않습니까?

9과 예술 산업

091 배워요 1

여1 작사와 작곡을 모두 하시잖아요. 보통 작업 순서는 어떻게 되세요?

여2 저는 멜로디를 먼저 만들고 거기에 가사를 붙이는 게 작업하기에는 더 쉬운 것 같아요.

092 배워요 2

여1 이 연극이 무거운 내용을 다루고 있음에도 불구하고 관객들에게 큰 사랑을 받는 이유가 무엇입니까?

여2 내용은 무겁지만 역사적 사실을 흥미롭게 풀어낸 것이 이번 연극의 흥행 성공 요인인 듯합니다.

093 배워요 3

남 예술 산업의 기본 전략 중 하나는 원소스 멀티유즈입니다. 하나의 예술품을 영화, 게임, 음반, 애니메이션, 캐릭터 상품, 장난감, 출판 등의 다양한 방식으로 판매해 부가 가치를 극대화하는 방식을 말합니다.

094 배워요 4

여1 기업의 제품을 알리기 위해 예술가들과 손을 잡는 경우가 많아졌지요?

여2 네. 새로운 방식으로 제품을 홍보할 수 있는 데다가 제품의 이미지도 고급화할 수 있기 때문입니다.

095 이제 해 봐요

여 생방송 시사오늘 2부 진행하고 있습니다. 매주 금요일은 우리 사회의 문화 예술 현상에 대해 알아보고 있는데요. 오늘도 김수현 문화 예술 전문 기자 나와 주셨습니다. 안녕하세요?

남 안녕하세요?

여 오늘 주제가 웹툰이라고요?

남 그렇습니다. 정확히는 '웹툰 시장의 명과 암'에 대해 이야기 나눠 보려고 하는데요. 이성경 아나운서도 웹툰 자주 보시나요?

여 아, 만화를 좋아하기는 하는데 종이 만화에 대한 향수가 있어서 아직까지 웹툰은 잘 안 보게 되더라고요. 그래도 유명한 작품 몇 편은 보기는 했어요.

남 그러시군요. 만화의 역사에 비하면 웹툰이 등장한 건

오래되지 않죠. 웹툰은 웹(web)과 카툰(cartoon)의 합성어로, 인터넷을 기반으로 서비스되는 디지털 만화를 말하는데요. 전통적인 종이 만화와 달리, 스크롤 형식으로 즐기는 것이 일반적입니다. 2000년대 초반 한국에서 시작되었다는 것을 모르는 분들이 많은데요. 현재는 수많은 웹툰이 매일 같이 출판되며 다양한 장르와 플랫폼에서 전 세계적으로 사랑받고 있습니다.

여 그렇군요. 그런데 웹툰 시장의 성장이 이렇게 빠른 속도로 진행될 수 있었던 비결이 무엇인가요?

남 웹툰의 성장은 주로 디지털 기술의 발전과 창의적인 스토리텔링이 크게 기여했습니다. 특히 웹툰은 원소스 멀티유즈 전략의 훌륭한 예로, 하나의 웹툰 작품이 영화, 드라마, 게임 등 다양한 미디어로 재창조되어 그 가치를 극대화하고 있습니다. 이런 전략은 웹툰을 단순한 만화에서 다양한 문화 산업의 중심으로 자리매김하게 했죠. 웹툰 산업은 앞으로도 지속적으로 성장할 것으로 보입니다. 디지털 기술의 발전과 함께 전 세계적으로 접근성이 높아지면서 시장의 규모는 더 커질 것으로 예상되고, 웹툰이 가진 창의적인 잠재력은 다른 문화 산업과의 협업을 통해 더욱 다양한 부가 가치를 창출할 수 있는 기반이 될 것입니다. 하지만 웹툰 시장의 급속한 성장에 따른 문제점도 나타나고 있는데요.

여 아, 웹툰 시장의 어두운 면은 광고 듣고 이어 가도록 하겠습니다.

10과 안정된 삶

101 배워요 1

남 한국은 병원비 부담이 크지 않은가 봐요.

여 네. 건강 보험 제도가 잘되어 있어서 웬만한 질병은 보험 처리가 돼요.

102 배워요 2

여1 네, 고객님. 무엇을 도와드릴까요?

여2 지난주에 보험금을 청구했는데 아직 못 받았거든요. 언제쯤 받을 수 있나 싶어서 전화드렸어요.

103 배워요 3

남 사회 보장 제도는 질병이나 재해, 실업, 빈곤과 같은 사회적 위험으로부터 국민을 보호하기 위해 마련되었습니다. 복지 국가에서는 여러 제도와 서비스를 통해 국민이 최소한의 인간다운 삶을 살도록 돕고 있지요.

104 배워요 4

여 김 기자, 폭우로 인해 물난리가 반복되고 있는데 지자체에서는 어떤 준비를 하고 있습니까?

남 우선 상습 침수 지역의 시설을 점검함으로써 큰 피해가 발생하지 않도록 하고 있습니다.

105 이제 해 봐요

여 고객님의 행복한 미래를 보장하는 고려보험입니다. 뭘 도와드릴까요?

남 엊그제 보험 조건을 변경할 수 있다는 문자를 받았는데요. 자세한 내용이 궁금해서요.

여 네, 전화 주신 분이 강은호 고객님 본인 맞으십니까?

남 네, 맞아요.

여 감사합니다. 지금 고객님이 가입하신 암 보험이 10년 갱신형인데요. 이걸 20년납 90세 보장 조건으로 변경해 드리고 있습니다. 보장 범위도 지금보다 더 넓어져서 치매나 혈관 질환 질병도 동시에 보장받으실 수 있습니다.

남 아, 그래요? 치매 보험이 없어서 새로 들어야 하나 생각하고 있었는데. 그런데 그걸로 바꾸면 보험료가 더 비싸지는 것 아닌가요?

여 지금 내고 있는 것보다는 매월 9,000원 정도 더 내시게 되는데요. 그래도 지금 가입하신 보험은 10년 갱신형이니까 10년마다 보험을 새로 갱신해야 하고, 또 갱신할 때마다 자연히 납입료가 계속해서 오를 수밖에 없잖아요. 그런데 이것은 20년간 납입료가 고정되는 거라 장기적으로는 더 경제적이라고 볼 수 있어요.

남 그런가요? 그래도 한 달에 만 원 정도를 더 내야 한다니 좀 부담스럽네요.

여 물론 그러실 수 있는데 저희가 모든 고객님들께 이런 안내를 드리는 건 아니고 강은호 고객님께서 현재 건강을 잘 관리하고 계시고, 또 저희 보험을 계속 유지해 주셔서 연락드린 것이거든요. 조건이 좋으니까 이번 기회에 고려해 보시면 좋겠습니다.

남 음, 그래도 좀 더 생각해 보고 연락드릴게요.

여 네, 알겠습니다. 자세한 내용을 문자로 한 번 더 보내드릴 테니 확인해 보시고 이 번호로 언제든 연락주세요.

남 네, 감사합니다.

MEMO

MEMO

MEMO

MEMO

고려대 한국어 5B

초판 발행 1쇄	2025년 2월 20일
지은이	고려대학교 한국어센터
펴낸곳	고려대학교출판문화원 www.kupress.com kupress@korea.ac.kr 02841 서울특별시 성북구 안암로 145 Tel 02-3290-4230, 4232 Fax 02-923-6311
유통	한글파크 www.sisabooks.com/hangeul book_korean@sisadream.com 03017 서울시 종로구 자하문로 300 시사빌딩 Tel 1588-1582 Fax 0502-989-9592
일러스트	정회린, 황주리
편집디자인	한글파크
찍은곳	네오프린텍(주)
ISBN	979-11-90205-00-9 (세트) 979-11-6956-099-3 04710

값 17,000원

※ 잘못 만들어진 책은 바꿔 드립니다.